dtv

Das kapitalistische Wirtschaftssystem hat mit Moral wenig oder nichts zu schaffen. Seinen Auswüchsen – Ausbeutung, Habgier, Spekulantentum – stehen ethische Werte wie Gerechtigkeit, Empathie, Solidarität gegenüber. Diese durchzusetzen ist Sache von Politik und Gesellschaft. Ute Frevert spannt den Bogen von Adam Smith und Karl Marx bis zu Papst Franziskus, von der Arbeiterbewegung des 19. Jahrhunderts bis zu den Fridays-for-Future-Protesten. Sie zeigt, dass moralische Gefühle und kritisch-bewusster Konsum die politische Antriebskraft sind, die den Kapitalismus immer wieder herausfordert und transformieren kann.

Prof. Dr. Ute Frevert, geboren 1954, ist eine der renommiertesten deutschen Historikerinnen. Sie lehrte Neuere Geschichte in Berlin, Konstanz, Bielefeld und an der Yale University. Seit 2008 leitet sie den Forschungsbereich ›Geschichte der Gefühle‹ am Berliner Max-Planck-Institut für Bildungsforschung. Sie wurde mit dem Leibniz-Preis ausgezeichnet und erhielt 2016 das Bundesverdienstkreuz Erster Klasse.

UTE FREVERT

KAPITALISMUS, MÄRKTE UND MORAL

dtv

Ausführliche Informationen über
unsere Autorinnen und Autoren und ihre Bücher
finden Sie unter www.dtv.de

Ungekürzte Ausgabe 2020
dtv Verlagsgesellschaft mbH & Co. KG, München
© 2019 Residenz Verlag GmbH, Salzburg – Wien
Umschlaggestaltung: buxdesign | Ruth Botzenhardt
Satz: C.H.Beck.Media.Solutions, Nördlingen
nach einer Vorlage von Ekke Wolf, typic.at
Druck und Bindung: Druckerei C.H.Beck, Nördlingen
Printed in Germany · ISBN 978-3-423-34983-3

Ich danke Kerstin Singer für viele hilfreiche Hinweise und Forschungsunterstützung. Uli Schreiterer hat das Manuskript kritisch gelesen und für Verbesserungen gesorgt.

Gewidmet ist das Buch unserer Tochter Bettina, die das moralische Unbehagen am Kapitalismus auf ihre Weise praktisch werden lässt.

Inhalt

I Gibt es einen moralischen Kapitalismus?

Um das, was man seit dem 19. Jahrhundert Kapitalismus nennt, ist es wieder einmal unruhig geworden. Eine »neue Wut auf den Kapitalismus« breite sich aus, titelte Anfang 2019 eine große deutschsprachige Zeitung. Vielerorts regt sich Widerstand gegen ein Wirtschafts- und Gesellschaftssystem, dem man vielerlei vorwirft: Raubbau an der Natur, Verschmutzung und Vernutzung kollektiver Güter wie Luft und Wasser, Ausbeutung von Arbeitskräften, ein immenses Reichtums- und Wohlstandsgefälle, Klimawandel. Dagegen machen NGOs wie Attac, gegründet 1998, ebenso Front wie Parteien des linken und links-liberalen Spektrums. Auch Einzelne rufen zum Protest auf. Der »Schulstreik fürs Klima«, den die junge Schwedin Greta Thunberg im Sommer 2018 begann, fand rasch Nachahmung: *Fridays for Future* heißt er jetzt.

Greta Thunberg vor dem
schwedischen Parlament,
August 2018

An Gegenstimmen fehlt es nicht. Sie verweisen darauf, dass sich kapitalistisches Wirtschaften nicht zufällig global durchgesetzt habe und nach dem Zusammenbruch der Sowjetunion Anfang der 1990er Jahre alternativlos geworden sei. Selbst das kommunistische China hat inzwischen viele seiner Merkmale übernommen. Dazu gehören individuelle Eigentumsrechte, Wettbewerb und Märkte, die Waren und Dienstleistungen koordinieren und Preise nach dem Gesetz von Angebot und Nachfrage bilden. Grundlegend ist zudem eine Kapital-Dynamik, die nicht, wie bei Dagobert Duck, auf dem Horten von Geld beruht, sondern auf dessen Investition und Reinvestition zum Zweck der Gewinnmaximierung.[1]

Legt man die Kriterien Wachstum und Innovation an, kann tatsächlich kein anderes System mit einer kapitalistischen Wirtschaft mithalten. Jahr für Jahr wird mehr produziert und konsumiert. Selbst Länder, die lange am Rande des Geschehens standen oder lediglich als Rohstofflieferanten auf der kapitalistischen Weltkarte auftauchten, haben es geschafft, an dieser Entwicklung teilzunehmen und Wachstum zu generieren. Absolute Armut ist weltweit stark zurückgegangen, auch wenn krasse Einkommensunterschiede zwischen und innerhalb von Staaten fortbestehen und sich mancherorts sogar vergrößert haben.

Aber solche Erfolgsmeldungen können die Kritiker kaum beeindrucken. Zu ihnen zählt, wenn man Umfragen glaubt, mehr als die Hälfte aller Deutschen. 2017 weckte der Begriff »Kapitalismus« bei 52 Prozent der Befragten negative Assoziationen, 60 Prozent verstanden darunter, dass Reiche immer reicher und Arme immer ärmer werden. Sogar in den USA, der weltweit größten kapitalistischen Volkswirtschaft, ist die Zustimmung zum Kapitalismus in den vergangenen Jahren rapide gesunken, vor allem bei jungen Menschen. Nur noch 45 Prozent sehen ihn positiv.[2]

Viele fordern einen grundlegenden Umbau des Systems und sagen, wie 2013 der neugewählte Papst Franziskus, »Nein zu einer Wirtschaft der Ausschließung und der Disparität der Einkommen«. Sie behandle Menschen »wie ein Konsumgut«, das man »gebrauchen und dann wegwerfen kann«. Anstatt ein »wirklich menschliches Ziel« zu verfolgen, fröne der Kapitalismus dem »Fetischismus des Geldes«, heize einen »zügellosen Konsumismus« an und verstärke soziale Ungleichheiten, mit fatalen, oft gewaltsamen Folgen. Das Heilmittel fand der Pontifex Maximus in der »Rückkehr von Wirtschaft und Finanzleben zu einer Ethik zugunsten des Menschen«. Seine harschen Worte gipfelten in der Aussage: »Diese Wirtschaft tötet«. Das brachte ihm heftige Kritik, aber auch Zustimmung ein. Der deutsche Kardinal Reinhard Marx stellte sich 2014 ausdrücklich hinter Franziskus und rief zur »Versöhnung von Markt und Moral« auf.[3]

Moral: Unter ihrem binären Code von Gut und Böse organisiert sich die aktuelle Kapitalismus-Kritik. Sie kommt aus vielen Ecken. »Der moralische Kapitalismus«, mahnte 2011 der ehemalige Krupp-Manager Berthold Beitz, »muss die Grundlage unseres wirtschaftlichen Handelns sein.« Den Begriff borgte er sich vom sozialdemokratischen Altkanzler Helmut Schmidt, der sich seinerseits auf Ralf Dahrendorf bezog. Der liberale Soziologe hatte 1996 in einem Interview von einem »moralischen Kapitalismus« gesprochen, der »vielleicht der nächste Schritt in unserer Entwicklung« sei.[4]

In den USA forderte Senator Bernie Sanders, Hoffnungsträger junger, linksliberaler Wähler, während und nach seiner Präsidentschaftskandidatur mehrfach eine neue »moralische Ökonomie«. Am effektvollsten tat er es 2016 in der Vatikanstadt und im Schulterschluss mit der päpstlichen Autorität. »Wir können dem Markt nicht erlauben, das zu tun, was der Markt tut«, »wir müssen moralische Prinzipien in die

Wirtschaft einlassen«, »wir wollen, dass die Wirtschaft für alle funktioniert, nicht nur für die Menschen an der Spitze«: Das stellte sich Sanders unter einer moralischen Ökonomie vor, dafür warb er, allerdings vergeblich. Sein Konkurrent und Wahlgewinner sah und sieht das ganz anders. Auch deshalb haben die *Moral Monday*-Proteste in vielen amerikanischen Städten erneut Fahrt aufgenommen, und Appelle für einen ethischen, sozialen, empathischen und inklusiven Kapitalismus finden große Resonanz, gerade auch unter den Jüngeren.[5]

Moral ist also »in«, und manche Beobachter entdecken gar eine neue »moralische Generation«. Sie habe, heißt es leicht despektierlich, der Politik abgeschworen und poche stattdessen auf Humanität, Menschenrechte und Solidarität.[6] Aber ist der Ruf nach einem moralischen Kapitalismus tatsächlich unpolitisch? Greift er zu kurz und begnügt sich mit kosmetischen Korrekturen? Lenkt er ab von den tatsächlichen Machtverhältnissen und schiebt die Verantwortung nachgeordneten Akteuren zu, denen als Bürgern und Konsumenten moralisches Engagement abverlangt wird? Oder liegt gerade in dem Beharren auf Moral eine besondere Stärke der Kritik?

Moralische Kommunikation

Wer mit Moral argumentiert, beruft sich auf Werte; früher nannte man sie Tugenden. Dazu gehören Ehrlichkeit und Rechtschaffenheit. Sie stehen im Wörterbuch des guten Kaufmanns seit jeher an oberster Stelle und übersetzen sich in Verhaltensregeln, die den wirtschaftlichen Verkehr bestimmen sollen. Wer ehrlich ist, betrügt nicht, selbst wenn es ihm einen geschäftlichen Vorteil sicherte. Wer rechtschaffen ist, legt seine Bilanzen offen, im Positiven wie im Negativen. Sich an Werten zu orientieren und moralisch zu handeln, kann bedeuten, das Eigeninteresse hintanzustellen, um die Geltung des Wertes zu bestätigen.

Werte unterscheiden sich von Normen dadurch, dass man sie freiwillig befolgt, während Normen binden und für die Mitglieder einer Gruppe, Organisation oder Gesellschaft Verbindlichkeit beanspruchen. Zudem sind Werte, anders als Normen, gefühlsintensiv und gefühlsbeladen. Wer einen Wert verletzt sieht, reagiert mit Empörung, nicht mit Schulterzucken. Dafür fand Friedrich Nietzsche das schöne Bild von der Moral als »*Zeichensprache der Affekte*« im »ungeheuren Reich zarter Wertgefühle und Wertunterschiede«.[7]

Affekte und Gefühle sind einerseits zutiefst subjektiv und individuell. Andererseits sind die Werte, denen sie Ausdruck verleihen, keine Privatsache. Sie werden geteilt, nicht mit allen, aber doch mit vielen. Wertgemeinschaften konstituieren sich dadurch, dass sich ihre Anhänger und Mitglieder an gemeinsamen Werten orientieren. Das kann in Kirchen und religiösen Verbänden geschehen, die neben ihrer Ausrichtung auf Transzendenz einen moralischen Leitfaden für das Diesseits bereitstellen. Auch nationale und übernationale Gemeinschaften berufen sich auf geteilte Wertüberzeugungen wie Gewaltverzicht, die Unantastbarkeit menschlicher Würde oder die Gleichberechtigung von Frauen und Männern. Selbst die Mafia und andere kriminelle Clans lassen sich als Wertgemeinschaften beschreiben. Allerdings dienen ihre Werte – Solidarität untereinander, Verschwiegenheit nach außen – einem Zweck, der andernorts als unmoralisch wahrgenommen wird.

Und es gibt Zwischenstufen. Denken wir an Robin Hood und vergleichbare neuere Phänomene. Der Legende nach raubten Robin Hood und seine fröhlichen Männer Reiche aus, um Arme zu unterstützen. Sie verfolgten also moralisch zustimmungsfähige Ziele mit ungesetzlichen Mitteln. Für die Republikanerin Mrs. Thomas White aus Indiana war Robin Hood demnach ein Kommunist. 1953, auf dem Höhepunkt der McCarthy-Ära, setzte sie sich dafür ein, ihn aus amerikanischen Schulbüchern zu verbannen. Frau White praktizierte damit eine deutlich andere Moral als der Mann aus dem Sherwood Forest: Sie kümmerte sich nicht um Einkommensunterschiede und stand stattdessen fest auf dem Boden des Gesetzes.

Nicht alle Menschen, heißt das, teilen die gleichen Wertüberzeugungen. Obwohl gesellschaftliche Institutionen wie Schulen oder auch der Sozialstaat bestimmte Werte flächendeckend zu vermitteln suchen, vertreten Familien, Peergruppen oder Vorgesetzte oft ein anderes moralisches Curriculum. Wo Lehrerinnen und Lehrer Respekt und gewaltfreie Kommunikation einüben, fordern manche Eltern ihre Sprösslinge zur Durchsetzungsstärke auf und erziehen ihnen eine Ellbogenmentalität an. Manager und Aktionäre folgen lieber dem Rat Milton Friedmans, ohne Rücksicht auf gesellschaftliche oder ökologische Folgen so viel Geld wie möglich zu verdienen, als sich an Artikel 14 des Grundgesetzes zu halten: »Eigentum verpflichtet. Sein Gebrauch soll zugleich dem Wohle der Allgemeinheit dienen.«

Wie das letzte Beispiel zeigt, gibt es in allen Gesellschaften dominante Werte, denen verbindliche Normen korrespondieren. Sind sie gesetzlich verbrieft, kann ihre Verletzung Sanktionen nach sich ziehen. Moralische Verpflichtungen jedoch geht man freiwillig ein, und man bejaht sie nicht nur mit dem Verstand, sondern auch mit dem Gefühl. Kommt es zu Wertkonflikten, bereitet gerade die emotionale Dynamik Probleme. Moral kennt nur absolute Wahrheiten,

Kompromisse sind nicht vorgesehen. Wer, wie es so treffend heißt, die Moral für sich gepachtet hat, bringt in der Regel kein Verständnis für Unmoral oder andere Moralen auf.

Das lässt sich in den aktuellen Debatten über ein bedingungsloses Grundeinkommen ebenso beobachten wie im Dauerstreit zwischen Umweltaktivisten und Gewerkschaften. Beim bedingungslosen Grundeinkommen prallen Leistungs- und Bedarfsmoral aufeinander, bei der fossilen Energieförderung stehen sich Klima- und Arbeitsplatzschützer unversöhnlich gegenüber. Geht es den Frauen und Männern, die 2018 gegen die Abholzung des Hambacher Forsts mobil machten, um das Weltklima – nach Expertenmeinung das Groß- und Zukunftsthema Nummer Eins –, demonstrierten Gewerkschafter für die »gute Arbeit« der 20 000 Beschäftigten im Braunkohlerevier. Jeder hielt die Fahne der Moral hoch, jeder war taub für das Anliegen der anderen Seite.

Solidaritätskundgebung mit der Besetzung im Hambacher Forst, 2018

Demoschild der IG Bergbau, Chemie, Energie, 2018: »Ohne gute Arbeit kein gutes Klima!«

Moralische Kommunikation oder das, was Nietzsche die »moralische Ausdeutung von Phänomenen« nannte, geht stets mit Bekundungen der Achtung oder Missachtung einher. Wer sich meiner Ausdeutung, meiner Vorstellung vom guten Leben nicht anschließt, dem entziehe ich die soziale Wertschätzung und strafe ihn mit Verachtung. Damit blockiere ich den Austausch von Argumenten und unterbinde jede weitere Kommunikation. Wenn meine Überzeugungsmoral zur herrschenden Moral wird, haben andere Moralauffassungen einen schweren Stand.

Moderne Gesellschaften haben sich von der Vorstellung einer einzigen, alleinherrschenden Moral schrittweise verabschiedet. Spätestens mit den Liberalisierungs-, Pluralisierungs- und Informalisierungsprozessen der zweiten Hälfte des 20. Jahrhunderts kam sie an ihr Ende. Doch nahm die Bedeutung moralisch-moralisierender Kommunikation damit keineswegs ab. Lediglich die »Konditionen für Achtung und Missachtung«, diagnostizierte der Soziologe Niklas Luhmann, wurden instabil und waren nicht mehr »durchgehend konsensfähig«.[8] Das bildete sich nirgendwo sichtbarer ab als im öffentlichen Diskurs über Sexualität während der 1960er und 1970er Jahre.

In diese Zeit fiel auch das, was man als Generalattacke auf die Moral *tout court* beschreiben könnte. Post-1968 galt Moral in westlichen Gesellschaften als Inbegriff von Unterdrückung und Unfreiheit. Wer moralisch argumentierte, lautete der Verdacht, wollte die Menschen in ein Korsett repressiver Anstandsregeln pressen, sie belehren und beschämen. Moral war ein Unwort aus dem Lexikon des bürgerlich-konservativen Spießers, passend zu Nietzsches und Émile Durkheims Definition von Moral als »langem Zwang«, dem zu gehorchen sei.[9] Von diesem Zwang suchte man sich zu emanzipieren und ersetzte den moralischen Code Gut-Böse durch die geschichtspolitischen Kategorien des Fortschritts und Rückschritts. Für sie gab es klare, wenngleich nicht unumstrittene Maßstäbe und Kriterien: individuelle Freiheitsrechte, Demokratisierung, gesellschaftliche Teilhabe.

Die rigorose Abkehr von der Moral war jedoch nicht von langer Dauer. Schon bald besannen sich Bürgerinnen und Bürger wieder auf das, was Luhmann als »Alarmierfunktion« moralischer Kommunikation charakterisierte. Sie mache auf »beunruhigende Realitäten« aufmerksam und steigere deren Erregungspotential. An der Wende vom 20. zum 21. Jahrhundert fanden einige Zeitgenossen den Zustand der Moral als solchen beunruhigend. 1996 forderte Dahrendorf eine gesellschaftliche »Auseinandersetzung über die Moral«, zwei Jahre später begab sich Helmut Schmidt auf die »Suche nach einer öffentlichen Moral«. Sie sei vielen Menschen abhandengekommen, wofür, anders als Konservative behaupteten, die antiautoritäre Studentenbewegung nur bedingt verantwortlich sei. Mindestens ebenso wirkmächtig waren ökonomische Strukturveränderungen und das, was französische Sozialwissenschaftler damals »den neuen Geist des Kapitalismus« nannten.[10]

Der neue und der alte Geist des Kapitalismus

Neu war zum einen das, was der Sozialdemokrat Schmidt als »egomanen Größenwahn« von Managern und als »Nihilismus unregulierter Kapitalmärkte« kritisierte – ein Jahrzehnt vor der weltweiten Finanzkrise. Neu war zum anderen die globale Expansion eines Wirtschaftsmodells, das sich als alternativlos ausgab und als beste aller möglichen Welten erschien. Obenan standen die Profite der Unternehmen und die Gewinne der Aktionäre, das Gemeinwohl rangierte unter ferner liefen.

Neu waren darüber hinaus die Rechtfertigungen und Narrative, mit denen das korporative Führungspersonal und dessen Apologeten in der Wissenschaft aufwarteten. Sie hatten aus der Kritik der Neuen Linken gelernt und präsentierten den Kapitalismus als eine Wirtschaftsform, die Forderungen nach Selbstverwirklichung, Eigenverantwortung, Emanzipation und Autonomie aufnahm und umsetzte. Die neue, projektbasierte Arbeitswelt prämierte Mobilität, Kreativität, Flexibilität und Netzwerkbildung – Werte, die der individualistischen, technologieaffinen Generation X in die Hände spielten. Kritiker wurden als Spielverderber oder Ideologen abgestraft.

Dennoch ist die Kritik bis heute nicht verstummt, im Gegenteil. Manchmal kommt sie von rechts, manchmal von links, immer häufiger auch von Menschen, die sich in den gewohnten politischen Koordinaten nicht länger wohlfühlen. Neben jungen Klimaaktivistinnen stehen Personen, die generationsmäßig zum alten Eisen gehören. Beitz, Schmidt, Dahrendorf, Sanders und Papst Franziskus waren längst im Rentenalter, als sie sich für einen »moralischen Kapitalismus« stark machten. Sie stammten aus verschiedenen sozialen, politischen, nationalen und konfessionellen Milieus; auch ihre Lebenserfahrungen fügten sich nicht zu einem einheitlichen Muster. Der 98-jährige Beitz berief sich auf die dem Gemeinwohl verpflichtete Tradition des Hauses Krupp. Dahrendorf, Jahrgang 1929, forderte private Initiativen im Sozialbereich und lobte die angelsächsische Praxis gemeinschaftlicher Selbsthilfe, die vom moralischen Engagement der Bürger getragen werden müsse. Für den 1918 geborenen Schmidt gründeten Moral und Werte in Kultur, Erziehung und sozialen Institutionen außerhalb des Marktes. Sanders bezog seinen moralischen Kompass aus der amerikanischen Bürgerrechts- und Antikriegsbewegung der 1960er und

1970er Jahre. Außerdem verstand er sich lange Zeit und völlig unamerikanisch als Sozialist, mit klarem antikapitalistischem Akzent. Der Papst, 1936 in Argentinien geboren und aufgewachsen, kam früh mit der Befreiungstheologie in Berührung und übte Kritik an der wachsenden sozialen Ungleichheit im eigenen Land und weltweit.

Für sie alle gilt, dass sich die Quellen ihrer Moralität ebenso unterschieden wie das, was sie sich unter einem moralischen Kapitalismus vorstellten. Dazu äußerten sie sich, wenn überhaupt, nur vage. Sozial gerechter sollte er sein, menschlich rücksichtsvoller, ökologisch sensitiv. Am Gemeinwohl orientiert. Fair. Solidarisch. Nachhaltig. Irgendwie so, wie es früher mal war. Nicht zufällig verlangte der Papst die »Rückkehr« zu einer menschenfreundlichen Ethik.

Aber war der »alte Geist« des Kapitalismus tatsächlich so viel moralischer als der globale Finanzkapitalismus des späten 20. und frühen 21. Jahrhunderts? Stand nicht das revolutionäre Wirtschaftssystem, wie es sich in industriekapitalistischer Form seit dem 18. Jahrhundert in Europa entwickelte, von Anfang an in der Kritik, weil es zeitgenössischen Moralvorstellungen widersprach? Und hat nicht gerade diese Kritik das System letztlich zukunftsfähig gemacht, indem sie es herausforderte, sich fortlaufend zu reformieren und zu erneuern? Schuf sie nicht, genau genommen, die Voraussetzungen dafür, dass es seine Konkurrenten bis heute überlebte?

Moral stellt, so die zugespitzte These dieses Essays, eine kritische Antriebskraft und Korrekturquelle des Kapitalismus dar, die sich jenseits des Eigeninteresses diverser Marktteilnehmer situiert. Ihre emotionale Grundierung und Emphase statten kapitalismuskritische Bewegungen mit starken Mobilisierungs- und Alarmierungsenergien aus. In modernen, vom Kapitalismus geprägten Gesellschaften bilden diese

Bewegungen und die von ihnen angestoßene moralische Kommunikation ein wichtiges Ferment der Transformation. Sie binden die sozialen Trägerschichten des Kapitalismus ebenso in ihre moralische Kommunikation ein wie den Staat, der die Rahmenbedingungen kapitalistischen Wirtschaftens setzt und garantiert. Indem sie Kriterien für Achtung und Missachtung vorgeben, erzwingen sie entsprechende Rechtfertigungen und Kurswechsel.

Dabei bleibt das, was in dieser moralischen Kommunikation zur Sprache kommt, nicht gleich. Sowohl die Kommunikationsteilnehmer als auch die Phänomene, die moralisiert und moralisch »ausgedeutet« werden, verändern sich. Die moralische Ökonomie der Armut zeigte im 18. und frühen 19. Jahrhundert andere Merkmale als im 20. und 21. Jahrhundert. Solidarität bedeutete in der Arbeiterbewegung nicht dasselbe wie in den Institutionen des modernen Wohlfahrtsstaats. Welche Alternativen zum kapitalistischen Wirtschaften man sich ausdachte und realisierte, variierte ebenso wie die Gerechtigkeitsvorstellungen, die in der Gesellschaft zirkulierten. Eine wachsende Zahl von Marktpopulisten rief diejenigen auf den Plan, die vor der zunehmenden Vermarktlichung aller Güter warnten. Mit der neuen Spezies des Konsumenten-Bürgers entstanden neue Moralisierungsformate und -arenen.

Das Folgende ist der skizzenhafte Versuch, diese Vielfalt von Akteuren, Themen, Ideen, Argumenten und Praktiken in der moralischen Kommunikation über »den Kapitalismus« historisch zu identifizieren und zu ordnen. Er beginnt mit Adam Smith und endet bei den aktuellen Versuchen, Markt und Moral zu versöhnen.

Frühe Fürsprecher:
Adam Smith und John Stuart Mill

Adam Smith, 1723 im schottischen Kirkcaldy geboren und 1790 in Edinburgh gestorben, machte sich sowohl als Ökonom als auch als Moralphilosoph einen Namen, der bis in unsere Zeit herüberstrahlt. Sein Buch *Der Wohlstand der Nationen* von 1776 gilt als Bibel des Kapitalismus. »Seit der Zeit des Neuen Testamentes«, rühmte ein deutscher Übersetzer, habe »kein Werk segensreichere Wirkungen gehabt«.[11]

In diesem Werk sprach sich Smith entschieden für die Autonomie und Freiheit des Wirtschaftens aus. Weder der Staat noch Zwangsverbände wie Zünfte sollten jene Freiheit begrenzen. Das Eigeninteresse der Akteure und das freie Spiel von Angebot und Nachfrage garantierten einer Gesellschaft, davon war Smith überzeugt, größtmöglichen

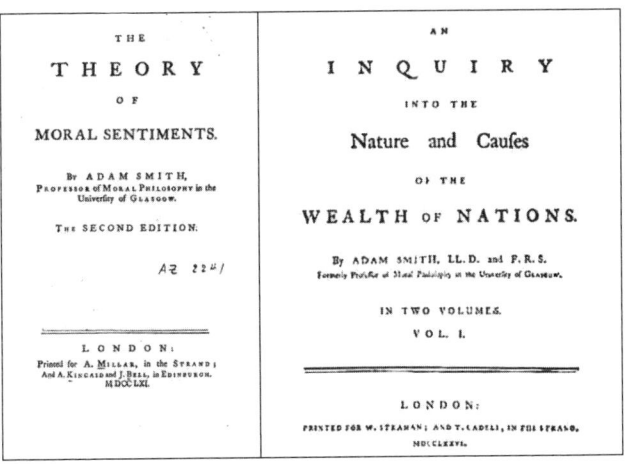

Originalausgaben von Smiths Werken

materiellen Wohlstand. Ein Schlüsselsatz lautete: »Nicht vom Wohlwollen des Metzgers, Brauers und Bäckers erwarten wir das, was wir zum Essen brauchen, sondern davon, daß sie ihre eigenen Interessen wahrnehmen. Wir wenden uns nicht an ihre Menschen-, sondern an ihre Eigenliebe.« Will heißen: Menschen arbeiteten, produzierten und tauschten ihre Waren und Dienste nicht aus moralischen Motiven, sondern wegen des persönlichen Nutzens, den sie sich davon versprachen. Je freier sie das tun könnten, je weniger Beschränkungen sie erführen, desto mehr Lebensmittel und andere Güter würden hergestellt und auf dem Markt feilgeboten. Freie Märkte und freier Handel ließen jeden einzelnen Marktteilnehmer wohlhabender und damit auch zufriedener und glücklicher werden. Das neue Wirtschaftssystem war folglich allen früheren überlegen und stellte eine gute Ordnung dar, da es allen nutzte und das *bonum commune* förderte.

Ökonomische Effizienz und moralischer Nutzen gingen demnach Hand in Hand. Selbst wenn wirtschaftliches Handeln nicht moralisch begründet war, führte es, so Smith, zu guten, sozial wertvollen Ergebnissen – sofern der Staat die institutionellen Rahmenbedingungen herstellte und sicherte. Markt und Moral standen in engem Zusammenhang. Abgesehen davon, dass arbeitsteiliges, marktförmiges Wirtschaften den gesamtgesellschaftlichen Reichtum steigerte und Armut zum Verschwinden brachte, erhöhte es den Standard moralisch akzeptabler Umgangsformen. Dementsprechend fände man bei den Holländern, die unter allen europäischen Nationen am meisten am Geschäftserfolg orientiert waren, die größte Vertrauenswürdigkeit, Rechtschaffenheit und Zuverlässigkeit.

Das war Smiths Version des *doux commerce*-Arguments, das sich im 18. Jahrhundert großer Beliebtheit erfreute. Wo immer Menschen miteinander Handel trieben, herrschten

Höflichkeit, Anstand und Aufrichtigkeit. Wer diese Tugenden nicht respektierte, gefährdete seinen Kredit und Gewinn. In der Tat propagierten damals alle europäischen Länder das Leitbild des ehrbaren Kaufmanns, der sich durch Worttreue, Zuverlässigkeit und Ehrlichkeit auszeichnete. Auch in den Handwerkerzünften gab es klare Vorschriften, was moralisch als vertretbar galt und was nicht.

Sosehr Smith Zünfte und Kaufmannsgilden als Zwangsorganisationen ablehnte, sosehr vertraute er auf die Kraft der Wirtschaft, zu ihrem eigenen Vorteil moralische Prinzipien auszuprägen und zu befolgen. Zugleich hielt er als Vertreter der schottischen Aufklärung daran fest, dass Menschen moralische Verpflichtungen nicht allein und nicht in erster Linie deshalb eingingen, weil sie daraus materiellen Nutzen zogen. Sie taten es auch deshalb, weil sie davon überzeugt waren und manchmal gar nicht anders konnten.

Diesen Gedanken hatte Smith bereits 1759 in seinem ersten großen Buch entwickelt, der *Theorie moralischer Empfindungen*. Gleich zu Beginn stellte er klar, menschliches Handeln werde nicht bloß durch Egoismus und Eigenliebe angetrieben. Mindestens ebenso wichtig sei *sympathy*, die humane Fähigkeit des Mit-Fühlens, die sich vor allem in der Gabe und Praxis des Mitleidens äußere. Aus Mitleid täten Menschen Dinge, die ihrer Selbstsucht zuwiderliefen: Mütter setzten ihre Gesundheit aufs Spiel, um ihr krankes Kind zu betreuen; Männer betrauerten den Tod eines Freundes, der ihnen zeitlebens zur Last gefallen sei.

Im 18. Jahrhundert war Mitleid das paradigmatische soziale, im besten Sinne moralische Gefühl: Es verband Menschen und generierte, wie man heute sagen würde, prosoziales Verhalten. Für eine neue Gesellschaft, die sich von alten Verbindlichkeiten und obrigkeitlichen Gängelungen emanzipierte und die Freiheit des Einzelnen in den Mittelpunkt stellte, war es von entscheidender Bedeutung. Denn eine Ansammlung freier Bürger und Wirtschaftssubjekte machte noch keine zivilisatorisch fortgeschrittene bürgerliche Gesellschaft aus. Erst indem Menschen einander mitfühlend begegneten, begründeten sie eine gute soziale Ordnung, die auf geteilten moralischen Empfindungen wie Mitleid, Dankbarkeit oder Freundschaft beruhte.[12]

Smiths Thesen von 1759 und 1776 standen damit nicht, wie manche Interpreten meinten, im Gegensatz zueinander, sondern sie ergänzten sich. Auch wenn Menschen in ihren wirtschaftlichen Aktivitäten ihrem Eigennutz, ihrer Selbstliebe frönten (und damit die Welt verbesserten), traten sie als Bürger in anderen Rollen auf und zeigten sich von ihrer moralischen Seite. Beides gehörte zusammen.

Smith war schon zu Lebzeiten eine Berühmtheit, weit über Schottland und England hinaus. Legionen von Anhängern und Nachfolgern verbreiteten und schrieben seine Lehren fort. Zu den einflussreichsten zählte John Stuart Mill (1806–1873). Gemeinsam mit dem 1748 geborenen Jeremy Bentham entwickelte er die Ethik des Utilitarismus, die Smiths Wohlstandsprognose zu einer allgemeinen moralischen Theorie erweiterte. Kurzgefasst ging es dabei um das Prinzip des Nutzens, definiert als Wohlergehen, Freude oder Glück: Moralisch gut wäre jenes Handeln, das den meisten Menschen den meisten Nutzen brächte, egal welche Motive es leiteten.

Während Bentham materiellen Aspekten jenes Nutzens den Vorrang gab, legte Mill einen höheren Maßstab an. Menschen erfreuten sich nicht allein an ökonomischen Glücksgütern, sondern schätzten auch immaterielle Dinge und Gefühle: den Sinn für Ehre und persönliche Würde, die Liebe zu Schönheit, Ordnung, Macht und sinnvoller Tätigkeit. Auch moralische Anerkennung oder Missbilligung beeinflussten ihr Handeln, ebenso wie das Konzept der Selbstachtung (*self-respect*). All dies musste man bedenken, wenn man das Prinzip des Nutzens richtig definieren und das Verhalten Einzelner an dessen Maximierung ausrichten wollte.

Aus Mills Sicht griff es demnach zu kurz, die Vorzüge eines Wirtschaftssystems nur anhand von Produktivitäts- und Wachstumskriterien zu bestimmen. Sosehr er wie Smith vom positiven Wert individueller Freiheit überzeugt war, so kritisch nahm er deren gesellschaftliche und moralische Kosten ins Visier. Intensiv setzte er sich mit Autoren und sozialen Bewegungen auseinander, die das Prinzip privaten Eigentums anstößig fanden und kommunitären Formen den Vorrang einräumten. Selbst wenn er persönliche, vom Staat garantierte Eigentumsrechte und »individuelle Concurrenz« beibehalten wollte, sah er die Folgen als reformbedürftig an. Ziel müsse, schrieb er 1848, die »volle Theilnahme jedes Mitgliedes des Gemeinwesens an seinen Wohlthaten« sein. Dass so etwas möglich sei, stand für ihn außer Zweifel. In die Innovations- und Verbesserungsfähigkeit kapitalistischer Gesellschaften, gerade auch im Sinne ihrer geistigen und moralischen »Fortschritte«, setzte er großes Vertrauen.[13]

Frühe Kritiker:
Karl Marx und Friedrich Engels

Nicht alle Zeitgenossen teilten dieses Vertrauen. Zeitgleich mit Mill veröffentlichten die beiden Deutschen Karl Marx und Friedrich Engels – der eine verdiente sein Geld mit Journalismus, der andere war Kaufmann und Erbe einer Textilfabrik – ihr *Kommunistisches Manifest*. Darin erteilten sie dem Kapitalismus und seiner Trägerschicht fast durchweg schlechte Noten. Die Bourgeoisie – gemeint waren die Fab-

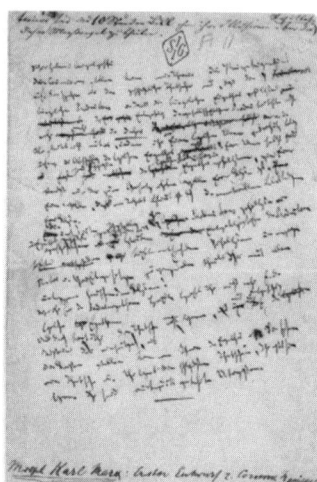

Ausgabe und Manuskriptseite des *Kommunistischen Manifests*,
1848 bzw. 1847

rikbesitzer – schnüre den Arbeitern die Luft zum Atmen ab
und treibe sie in die Verelendung. Wo sie herrsche, sei es mit
der Moral vorbei. Denn indem sie »alle feudalen, patriarchalischen, idyllischen Verhältnisse« zerstöre, lasse sie »kein anderes Band zwischen Mensch und Mensch übrig […] als das
nackte Interesse, als die gefühllose ›bare Zahlung‹«. »Egoistische Berechnung« löse die »persönliche Würde in den
Tauschwert auf«, und »an die Stelle der zahllosen verbrieften
und wohlerworbenen Freiheiten« trete »die Eine gewissen-
lose Handelsfreiheit«.[14]

Ähnliches war 1845 in Engels' Erfahrungsbericht über
Die Lage der arbeitenden Klasse in England zu lesen gewesen. Nie sei ihm, dem preußischen Fabrikantensohn, »eine
so tief demoralisierte, eine so unheilbar durch den Eigennutz
verderbte, innerlich zerfressene und für allen Fortschritt

unfähig gemachte Klasse vorgekommen, wie die englische Bourgeoisie«. Für sie existiere »nichts in der Welt, was nicht nur um des Geldes willen da wäre, sie selbst nicht ausgenommen, denn sie lebt für nichts als um Geld zu verdienen, sie kennt keine Seligkeit, als die des schnellen Erwerbs, keinen Schmerz außer dem Geldverlieren«. Seine Beschäftigten betrachte der Fabrikbesitzer als Sklaven, deren Arbeitskraft er rücksichtslos ausbeute. »Man entzieht ihnen alle Genüsse außer dem Geschlechtsgenuß und dem Trunk, arbeitet sie dagegen täglich bis zur gänzlichen Abspannung aller geistigen und physischen Kräfte ab.«

Im Vergleich dazu sei das Leben der vorindustriellen Bevölkerung geradezu himmlisch gewesen, befand Engels. So führten Weber damals »ein rechtschaffenes und geruhiges Leben in aller Gottseligkeit und Ehrbarkeit, ihre materielle Stellung war bei weitem besser, als die ihrer Nachfolger; sie brauchten sich nicht zu überarbeiten, sie machten nicht mehr als sie Lust hatten, und verdienten doch, was sie brauchten«. Als »›respektable‹ Leute und gute Familienväter« lebten sie »moralisch, weil sie keine Veranlassung hatten, unmoralisch zu sein, da keine Schenken und liederlichen Häuser in ihrer Nähe waren«. »Sie hatten ihre Kinder den Tag über im Hause bei sich und erzogen sie in Gehorsam und der Gottesfurcht; das patriarchalische Familienverhältnis blieb ungestört, solange die Kinder noch nicht selbst verheiratet waren; die jungen Leute wuchsen in idyllischer Einfalt und Vertraulichkeit mit ihren Gespielen heran, bis sie heirateten, und wenn auch geschlechtlicher Verkehr vor der Ehe fast durchgängig vorkam, geschah dies doch nur, wo die moralische Verpflichtung zur Ehe von beiden Seiten anerkannt war, und die nachfolgende Heirat brachte alles wieder ins gleiche.«

So viel moralische Idylle war selten, und Engels war sich dessen durchaus bewusst. Wenn er die »romantisch-gemütlichen« Verhältnisse der Vergangenheit mit dem unmoralischen, jede Moral vernichtenden Fabriksystem der Gegenwart kontrastierte, erfüllte ihn keine Sehnsucht nach alten Zeiten. Vielmehr nutzte er den Weiß-Schwarz-Gegensatz, um das leuchtende Bild einer sozialistischen Zukunft zu zeichnen. Ihr arbeite der Kapitalismus, ohne es zu wissen, fleißig vor. Er vermehre den Nationalreichtum, lasse Handel und Industrie aufblühen, verbessere die Kommunikationswege und verbillige die Konsumgüter. Vor allem aber reiße er die Unterschichten aus ihrer »anspruchslosen Demut« heraus und »in den Strudel der Geschichte« hinein. Die Arbeiter spürten ihre Macht und verlangten ihren Anteil. Ihr »tiefer Groll« gegen die Reichen, die sie erst ausbeuteten und dann »gefühllos ihrem Schicksal« überließen, werde sich schon bald in einer gewaltigen Revolution entladen. Sie war das ironisch-dialektische Ergebnis jenes »great civilising influence of capital«, den Marx 1858 ebenso nüchtern wie bewundernd diagnostiziert hatte. Zivilisierend wirkten die Überwindung lokaler und nationaler Grenzen ebenso wie die soziale und politische Emanzipation, die dem industriellen Aufbruch notwendig folgen müsse.[15]

Hier irrten Marx und Engels. Auf der britischen Insel war im 19. Jahrhundert von einer Revolution nichts zu entdecken. Auf dem europäischen Festland revoltierten 1848 in erster Linie die an politischer Machtteilhabe interessierten bürgerlichen Schichten. Das Industrieproletariat, noch kaum vorhanden, spielte keine entscheidende Rolle. Auf eine sozialistische Revolution, die das Privateigentum abschaffte, Märkte außer Kraft setzte und versprach, neue Menschen mit einer neuen Moral zu erziehen, musste man bis 1917 warten. Dass sie gerade in einem Land wie Russland erfolgte, in dem die Fabrikarbeiter eine winzige Minderheit stellten, hätte kaum jemand vorhergesagt.

»Kapital und Arbeit«. Die Hoffnung (links) ist ausgesperrt.
Karikatur von Robert Jacob Hamerton, 1843

Das heißt nicht, dass kapitalismuskritische Stimmen im
19. Jahrhundert verstummt wären. Sowohl die Arbeiterbewegung als auch bürgerliche Sozialreformer und Kirchenkreise
machten Probleme dingfest, forderten Abhilfe, entwarfen
Alternativen und probierten andere Modelle des Wirtschaftens aus. Selbst diejenigen, die vom sozialistischen Zukunfts-
staat träumten, vergaßen darüber die Gegenwart nicht und
legten Hand an. Und auch die vielgescholtene, angeblich
amoralische und nur auf ihr eigenes Profitinteresse bedachte
Bourgeoisie engagierte sich im Sinne einer öffentlichen, dem
Gemeinwohl verpflichteten Moral. Eines ihrer wichtigsten
Tätigkeitsfelder war die Einhegung und Bekämpfung von
Armut.

Endnoten

1 Jürgen Kocka, Geschichte des Kapitalismus, München 2013, S. 20 f.;
   Werner Plumpe, Das kalte Herz. Kapitalismus: Die Geschichte einer
   andauernden Revolution, Berlin 2019, S. 20 ff.

2 https://yougov.de/news/2017/08/24/mehrheit-sieht-kapitalismus-
   krimehrheit-sieht-kapi/; FAZ v. 4. 5. 2019, S. 23;

3 http://w2.vatican.va/content/francesco/de/apost_exhortations/
   documents/papa-francesco_esortazione-ap_20131124_evangelii-
   gaudium.html; Reinhard Kardinal Marx, Ordnungspolitik als Versöhnung von Markt und Moral, in: Zur Zukunft der Sozialen Marktwirtschaft, hg. v. Lars P. Feld, Freiburg 2015, S. 65–79.

4 https://www.waz.de/staedte/essen/beitz-schwoert-bei-krupp-festakt-auf-
   das-soziale-ein-id6091455.html; https://www.zeit.de/reden/gesellschaft/
   laudatio_beitz; https://www.focus.de/kultur/medien/kultur-moralischer-
   kapitalismus_aid_156987.html

5 https://www.theguardian.com/us-news/2016/apr/15/bernie-sanders-
   vatican-capitalism-common-good; Uwe Jean Heuser, Kapitalismus inklusive, Hamburg 2017; Paul Collier, Sozialer Kapitalismus, München 2019.

6 André Comte-Sponville, Kann Kapitalismus moralisch sein? Zürich 2009,
   S. 14 ff.

7 Friedrich Nietzsche, Jenseits von Gut und Böse [1885], Stuttgart 1964,
   S. 93, 96; Jörg Bergmann u. Thomas Luckmann, Moral und Kommuni-
   kation, in: dies. (Hg.), Kommunikative Konstruktion von Moral, Bd. 1,
   Opladen 1999, S. 13–36, hier 18, 30.

8 Niklas Luhmann, Die Gesellschaft der Gesellschaft, Frankfurt 1997,
   S. 396–405, hier 401.

9 Nietzsche, S. 96; Émile Durkheim, Die Regeln der soziologischen
   Methode [1895], Neuwied 1961, S. 106 f.

10 Helmut Schmidt, Auf der Suche nach einer öffentlichen Moral, Stuttgart
   1998, Zitate S. 97; Luc Boltanski u. Ève Chiapello, Der neue Geist des
   Kapitalismus [1999], Konstanz 2003.

11 Hans-Ulrich Wehler, Die Deutschen und der Kapitalismus, in: Gunilla
   Budde (Hg.), Kapitalismus, Göttingen 2011, S. 34–49, hier 34.

12 Adam Smith, Die Theorie der ethischen Gefühle; Der Wohlstand der
   Nationen (Auszüge), in: Lisa Herzog u. Axel Honneth (Hg.), Der Wert
   des Marktes, Berlin 2014, S. 41–68.

13 John Stuart Mill, On Bentham, in: The London and Westminster Review,
   August 1838, S. 467–506, hier 485 f.; ders., Grundsätze der politischen
   Ökonomie (Auszug), in: Herzog u. Honneth, Wert des Marktes, S. 419.

14 Karl Marx u. Friedrich Engels, Manifest der Kommunistischen Partei, in:
   dies., Gesamtausgabe (MEGA), 1. Abt., Bd. 6, Glashütten 1970, S. 523–
   557, hier 528.

15 Friedrich Engels, Die Lage der arbeitenden Klasse in England II, in:
   ebd., 1. Abt., Bd. 4, Glashütten 1970, S. 1–286, hier 11 f., 25, 96 f., 261;
   Karl Marx, Grundrisse der Kritik der politischen Ökonomie II, in: ebd.,
   2. Abt., Bd. 1.2, Berlin 1981, S. 322.

II Die moralische Ökonomie der Armut

Armut war, anders als Engels behauptete, kein Kind der industriellen Revolution. Auch vorindustrielle Gesellschaften
kannten sie. Lebensmittelknappheit trat nicht zuletzt in den
periodischen Hungerkrisen auf, die auf Missernten oder
Kriege folgten. Das Bild der armen Leute, die sich in den
patriarchalischen Verhältnissen des 17. und 18. Jahrhunderts
gemütlich eingerichtet hätten, war ebenso schief wie die Vorstellung, es habe damals eine rundweg harmonische Beziehung zwischen Arm und Reich gegeben.

Was es hingegen gab, war eine »moralische Ökonomie«,
die den wohlhabenden Schichten und der Obrigkeit bestimmte Verbindlichkeiten auferlegte. Auf deren Balance
und Gerechtigkeit wurde sorgsam geachtet; Verletzungen
traditioneller Ansprüche und Erwartungsenttäuschungen
riefen regelmäßig Unruhen und Aufstände hervor. Kamen
Obrigkeit und Wohlhabende ihren angestammten Pflichten gegenüber vermögenslosen Bevölkerungsgruppen nicht
nach, reagierten diese mit Empörung und forderten laut-
stark, die alten Verhältnisse wiederherzustellen.[1]

Dazu gehörten eine gesicherte und kontrollierte Lebens-
mittelbewirtschaftung ebenso wie die materielle Versorgung
mittelloser Personen. Dass Menschen, die es sich leisten
konnten, Almosen an weniger Begüterte verteilten und sie
in Notlagen unterstützten, war ein moralisches Gebot, das

alle Religionen aufstellten. Dabei ging es keineswegs nur um Nächstenliebe oder Altruismus. Wer Almosen gab, hatte selber auch etwas davon: Er investierte in sein Seelenheil, und er erfreute sich hoher sozialer Anerkennung und Achtung. Großzügigkeit zahlte sich in sozialem und moralischem Kapital aus, zu dem auch die Unterstützten beitrugen: Sie schlossen den Almosengeber und seine Angehörigen in ihre Gebete ein, erwiesen ihnen Respekt, Dankbarkeit und Anhänglichkeit.

Von Reziprozität zu Prävention und Kontrolle

Allerdings war diese moralische Ökonomie nicht in Stein gemeißelt. Ihre Fundamente begannen bereits in der Frühen Neuzeit zu bröckeln. Seit dem späten 18. Jahrhundert erließen Städte und Staaten in rascher Folge Polizeiordnungen und Gesetze, die dem Betteln Einhalt gebieten sollten. Dahinter stand zum einen das Bedürfnis, Armut zu kontrollieren und einzudämmen. Zum anderen wollte man eine Werthaltung

Julius Ehrentraut,
Barmherzigkeit, um 1880

durchsetzen, die Arbeit zur individuellen Pflicht erhob und diejenigen, die sich ihr entzogen, bestrafte. Eine gute, dem gemeinen Wohl dienende Verwaltung musste ihrerseits alles tun, um Verarmung vorzubeugen. Arbeitsfähige sollten zur Arbeit angehalten, Unfähige versorgt werden. So hieß es 1794 im Allgemeinen Landrecht für die Preußischen Staaten: »Diejenigen, die nur aus Trägheit, Liebe zum Müßiggange, oder andern unordentlichen Neigungen, die Mittel, sich ihren Unterhalt selbst zu verdienen, nicht anwenden wollen, sollen durch Zwang und Strafen zu nützlichen Arbeiten unter gehöriger Aufsicht angehalten werden.« Stiftungen, »welche auf die Beförderung und Begünstigung solcher schädlichen Neigungen abzielen«, konnte der Staat aufheben.

Solche frommen, religiös-kirchlich gebundenen Stiftungen gab es allenthalben. Der weltlichen Obrigkeit waren sie ein Dorn im Auge, denn aus ihrer Sicht galt es, möglichst viele Untertanen erwerbsfähig zu machen. Gerade aus der sozialen Mittelschicht, dem städtischen Bürgertum, erhielt sie dafür Applaus. Die zahlreichen gemeinnützigen Vereine und Patriotischen Gesellschaften des ausgehenden 18. Jahrhunderts sangen das gleiche Lied: Armutsprävention durch individuelle Vorsorge, Bildung und Selbsthilfe. »Ersparungs-Anstalten«, wie sie nicht nur in Hamburg gegründet wurden, sollten es der ärmeren Bevölkerung ermöglichen, in Notzeiten, bei Krankheit und im Alter aus eigener Kraft über die Runden zu kommen, ohne auf Almosen angewiesen zu sein. Die Aussicht, sich durch fleißiges Sparen einen unabhängigen Lebensabend zu sichern, gebe den »redlichen Arbeitern« darüber hinaus ein höheres Maß an »Würde und Selbständigkeit«. Das wiederum wirke sich positiv auf die »Moralität« aus.[2]

Auch manche Kirchenmänner rückten von dem älteren Almosen- und Versorgungsmodell ab. In den Hungerzeitschriften der 1770er Jahre riefen sie zwar dazu auf, mitleidig zu sein und Geld für die unterernährten Kinder und Erwachsenen zu spenden. Ausgegeben wurde das Geld jedoch nicht primär für Nahrungsmittel, sondern für längerfristige Projekte wie Armenschulen und Arbeitsbeschaffungsmaßnahmen. Es ging also weniger um akute Interventionen in einer Notsituation als um nachhaltige, zukunftsweisende Prävention. Bildung, der Erwerb nützlicher Kenntnisse, galt als Königsweg aus der Armutsfalle. Hier spiegelte sich der aufklärerische Impuls der Zeit. Getragen war er von Bürgern, die anstelle des Staates oder der Kirche aktiv wurden und die traditionelle Nahbeziehung zwischen Spendengeber und Spendennehmer beendeten. Weder kannten die Spender die Empfänger noch die Empfänger die Spender. Die Beziehung wurde anonymisiert und versachlicht. Nur auf besonderen Wunsch konnten Spender mit den unterstützten Personen in Kontakt treten.[3]

Das war fortschrittlich gedacht und wies den bürgerlichen Reformen des 19. Jahrhunderts den Weg. Spätestens unter den Herausforderungen des Pauperismus, der Massenarmut der 1820er und 1830er Jahre, gerieten die alten Sozialformen unter Druck. Das ließ sich nur bedingt durch die Ausbreitung der industriellen Produktionsweise erklären. Anders als Engels mit Blick auf England meinte, spielten der Kapitalismus und die Mechanisierung der Produktion dafür keine entscheidende Rolle. Vielmehr führten Missernten, Hungersnöte und vor allem ein rasantes Bevölkerungswachstum dazu, dass sich immer mehr Menschen außerstande sahen, sich durch ihrer Hände Arbeit zu ernähren. In dieser Situation stieß das traditionelle Almosengeben an seine Grenzen.

Am längsten hielt es sich noch bei Beerdigungen. Bis weit ins 19. Jahrhundert hinein war es üblich, bei Begräbnissen reichlich zu spenden. Die Empfänger des Almosens beteten

Vor dem Wiener Centralfriedhof am Aller-
heiligentag, Holzstich von 1877, nach einer
Zeichnung von Vincenz Katzler

im Gegenzug für das Seelenheil der Verstorbenen. Doch
Magistrate und Regierungen ärgerten sich über Horden von
Bettlern, die die Trauerhäuser belagerten und »die Verteilung von Geld unter sie, gleichsam als ein Recht, oft auf die
unanständigste Weise« verlangten. Um diesem »Mißbrauch«
abzuhelfen, empfahl die Trierer Regierung 1827 den betroffe-
nen Familien, die vorgesehene Spendensumme entweder an
den örtlichen Pfarrer oder die Armenverwaltung zu geben.
Diese würden sie dann in aller Stille und ausschließlich an
»wahrhaft Bedürftige« verteilen. Damit aber war die direkte
und gegenseitige Beziehung zwischen Almosengeber und
Almosennehmer zerstört.

An einer solchen Beziehung waren die Almosengeber
nicht bloß aus »Pflichtgefühl« interessiert. Auch aus Angst
vor gewaltsamen Übergriffen bat ein rheinischer Landwirt

William Makepeace
Thackeray, Frau und
Bettler, undatiert,
Mitte 19. Jahrhundert

1843 darum, »daß uns wieder die Freiheit gestattet werde, die
Armen, die uns besonders bei jetziger theuerer Zeit so zahl-
reich besuchen, zu beschenken, ohne deswegen vor Gericht
belangt zu werden; wie wir früher gewohnt waren«. Die Gemeinde, die das Almosengeben verboten hatte, sollte es wieder erlauben und den Bürgern damit größere Sicherheit für
Haus und Hof schenken. Denn wie leicht, gab der besorgte
Landwirt zu bedenken, könnten aufgebrachte Bettler Feuer
legen und sich für die Verweigerung des Geschenks rächen?[4]

Was diese Geschichten illustrieren, ist eine moralische
Ökonomie, die Reiche und Arme in Reziprozitäts- und
Tauschbeziehungen miteinander verband. Almosengeber
hielten es für ihre moralische Pflicht, von ihrem Reichtum
abzugeben, aber nicht anonym und spendenförmig, sondern
persönlich und nach eigenem Gusto. Almosennehmer dank-
ten es ihnen mit Wohlverhalten und Loyalität.

Mit diesem wechselseitigen Geben und Nehmen räum-
ten die Reformen, die besorgte Bürger auf lokaler Ebene
in Gang setzten, um der Verarmung und Verelendung der
Unterschichten Einhalt zu gebieten, gründlich auf. Zwar erhielt sich die persönliche Beziehung, aber sie veränderte ihre

Form und Funktion. Prüfung und Kontrolle standen nun im Mittelpunkt. Als sich die Stadt Hamburg 1788 eine neue Armenordnung gab, wählte sie 180 freiwillige Armenpfleger »aus den bedeutendsten Bürgern« aus, die die in ihrem Revier wohnenden Armen auf deren Bedürftigkeit prüfen und durch »öftere Visitationen« beaufsichtigen sollten. Über jede Familie legten sie einen regelmäßig aktualisierten »Abhörungsbogen« an, der alle wichtigen Informationen »in physischer und moralischer Hinsicht« enthielt.

Die bürgerlichen Armenpfleger traten außerdem als Ratgeber auf, die »allen Arbeit, Sparsamkeit, Ordnung und Reinlichkeit anempfehlen«. Zugleich waren sie Inspektoren, die in die Binnenstrukturen der Armut hineinleuchteten und »das ganze Publikum« damit vertraut machten. Armut wurde zum Tagesgespräch, sie war Gegenstand des Feuilletons wie der Wissenschaft. Und sie war der Ort, an dem sich die sozialen Ordnungsvorstellungen des Bürgertums praktisch umsetzen ließen.

Das begann mit Klassifikationen und Differenzierungen. Die Hamburger unterschieden drei verschiedene Armutsklassen, »nemlich die *Armen*, die *Hülfsbedürftigen* und die *Bettler* unserer Stadt. Ein *Armer* in diesem Verstande des Worts ist derjenige, der sich und den Seinigen durch seinen täglichen Erwerb nur die tägliche Nothdurft schaffen kann. Ein *Hülfsbedürftiger* derjenige, der mit allen seinen Kräften dies nicht kann. Ein *Bettler* derjenige, der seine Kräfte dazu gar nicht, oder nicht gehörig anwendet, und sich durch öffentliche oder Privat-Wohlthätigkeit ernährt. In einem blühenden Staat müssen viele *Arme*, wenig *Hülfsbedürftige*, und keine *Bettler* sein«. Für alle drei Klassen gab es unterschiedliche Leistungen und Maßnahmen: den Pranger, die Peitsche und das Arbeitshaus für die arbeitsscheuen Bettler; finanzielle und materielle Unterstützung für die Hilfsbedürftigen, die in ihrer großen Mehrheit alt, krank und weiblich waren; Hilfe zur Selbsthilfe in Form von Sparkassen und Erziehung für die Armen.[5]

Arbeit und Selbsthilfe

Zu den bekanntesten Erziehern des 19. Jahrhunderts gehörte der Schotte Samuel Smiles. Als junger Arzt und Journalist trat er für radikale politische Reformen wie das allgemeine Männerwahlrecht ein. Berühmtheit erlangte er durch seine Vorträge und Bücher, die hohe Auflagen erzielten und in

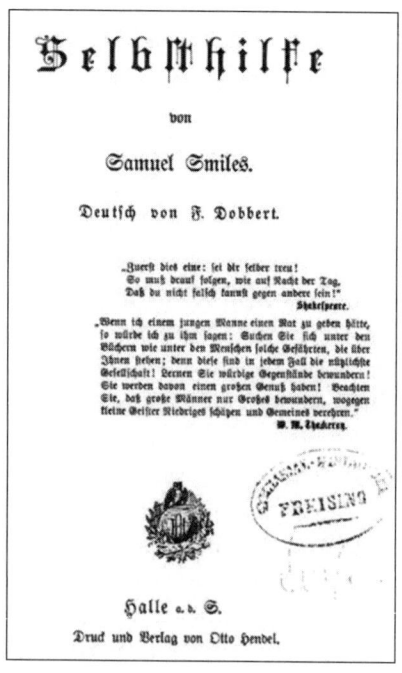

Samuel Smiles' Hauptwerk *Self-Help* wurde mehrfach ins Deutsche übertragen

viele Sprachen übersetzt wurden. 1859 erschien *Self-Help*, von dem sich bis zu Smiles' Tod 1904 eine viertel Million Exemplare verkauften. Die erste deutsche Ausgabe folgte 1866. Auch die anderen Bücher wurden ein Erfolg: *Character* von 1871, *Thrift* (Sparsamkeit) von 1875 und *Duty* (Pflicht) aus dem Jahr 1880.

Im Prinzip variierte Smiles hier bis zum Selbstplagiat jene Themen, die er in seiner Erstschrift angesprochen hatte: die Pflicht zur Arbeit, die Notwendigkeit von Fleiß und Beharrlichkeit, die Tugend der Sparsamkeit und Vorsorge. Sie galten für alle sozialen Schichten, für die Reichen ebenso wie für die Armen. Letztere aber hatten sie besonders nötig, um ihre Selbstachtung und »Achtbarkeit« zu wahren. »Die wahre Unabhängigkeit der industriellen Klassen«, schrieb der Autor, könne »einzig durch die Übung jener Tugenden gesichert werden«. Vor allem Sparsamkeit sei es, die selbst einem einfachen Fabrikarbeiter ein mäßiges Kapital und damit »eine gewisse Würde« verleihe. Sie erlaube es ihm, »der Welt frei ins Gesicht zu sehen«, anstatt »knechtisch« um Almosen zu bitten.

Es war diese Betonung des eigenen Willens und der persönlichen Autonomie, die Smiles' *Selbsthilfe* den Ruf einbrachte, zur Bibel des viktorianischen Liberalismus zu taugen. Mit Vorliebe kontrastierte er den faulen, lethargischen, auf raschen Genuss abonnierten Arbeiter mit demjenigen, der für schlechte Tage vorsorgte, über seine Einnahmen und Ausgaben Buch führte und sich von Alkohol oder anderen vergnüglichen Lastern fernhielt. Auf welcher Seite der Fortschritt stand, der individuelle ebenso wie der nationale, war klar. Gesellschaftliche Verbesserungen konnten nur durch die stetige Arbeit am Selbst stattfinden; erst wenn der Einzelne sich durch Disziplin, Bildung und Anstrengung zu einer selbstverantwortlichen Lebensführung aufgeschwungen habe, prosperiere »die Gesellschaft im Großen und Ganzen«.

Letztlich könne sich jeder – Smiles wandte sich vorwiegend an eine männliche Leserschaft – zum Kapitaleigner mausern: »Der Capitalist ist lediglich ein Mensch, welcher Das, was durch Arbeit verdient worden ist, nicht ganz verthut.«

Kapitalisten waren aus dieser Perspektive Sparer, die mit dem erworbenen Geld »haushälterisch umgehen« und das Gesparte in Fabriken, Eisenbahnen, Bergwerke und Häfen investierten. Dass das eingebrachte Kapital sich in Höhe und Ertrag durchaus unterschied und meistens nicht einmal ansatzweise vorhanden war, stellte Smiles nicht in Abrede. Doch komme es, darauf verwies er immer wieder, nicht auf absoluten Reichtum an. Ziel von Sparsamkeit und Selbsthilfe war der arbeitsame, fleißige, vorsorgende Mann und Familienernährer. Er besaß jene »männliche Gesinnung«, die auf »wahre Ehre« und »echte Würde« hielt und der »Civilisation« zum Stolz gereichte.

Aber nicht jeder Mensch wurde bereits mit dieser Gesinnung geboren. Um sie zu erwerben, zu entwickeln und zu pflegen, tat Erziehung not. Smiles selber verstand sich als pädagogischer Aufklärer, der mit seinen Vorträgen vornehmlich junge Arbeiter und Handwerker erreichen wollte. Die zahlreichen Briefe begeisterter Leser bestärkten ihn in der Auffassung, die richtige Botschaft zu verkünden. Zugleich entließ er die bürgerlichen Schichten nicht aus der Pflicht, ärmeren Mitbürgern mit Rat und Tat zur Seite zu stehen. Arbeitgeber sollten Sparkassen gründen und ihre Arbeiter ermuntern, Unterstützungsvereinen und Konsumgenossenschaften beizutreten. Scharf kritisierte Smiles die allgegenwärtige »Theilnahmslosigkeit«, die schon Engels der englischen Bourgeoisie vorgeworfen hatte. Zwischen Arbeitern und Arbeitgebern existierten »keine wechselseitigen Sympathien, keine freundlichen Gefühle«. Da »nur Geldrücksichten ihr Verhältnis zu einander bestimmen«, komme es »häufig zu

Prämienverlosung im Kruppschen Sparbüro, 1910

Zusammenstößen« und Streiks. »Ein allgemeiner Verdacht gegen einander verbreitet sich, und die Gesellschaft wird von dem Krebsgeschwür bis ins innerste Mark zerfressen.«

Hier halfen, auf der Seite der Begüterten, allein »christliche Theilnahme« und echtes Wohlwollen. Letzteres sollte sich aber nicht in »Geldgeschenken« oder Almosen ausdrücken. Vielmehr kam es auf »Seelengüte und das Gefühl wirklicher menschlicher Brüderlichkeit« an. Nur wer die Armen so behandelte, »als ob sie zu derselben gemeinsamen Menschenfamilie gehörten«, durfte auf Gegenliebe rechnen. Solange die Menschen jedoch »so zersplittert und in Classen geschieden und so weit von einander hingestellt sind, daß man kaum sagen kann, sie kennen einander, da können sie einander nicht die erforderliche gesellschaftliche Beachtung und Berücksichtigung zuwenden«.[6]

Smiles rief damit das damals populäre Bild der zwei Klassen auf, die einander fremd und feindlich gegenüberstan-

1844 revoltierten verarmte Weber gegen Fabrikanten und Groß-
händler. (Carl Wilhelm Hübner, Die schlesischen Weber, 1846)

den. Beinahe wortgleich hatte der konservative Politiker und
spätere britische Premierminister Benjamin Disraeli diese
Zustände in seinem 1845 publizierten Roman *Sybil, or Two
Nations* geschildert. Arme und Reiche, so Disraeli, glichen
zwei Nationen, zwischen denen es weder Begegnungen noch
Sympathien gab. Sie lebten in anderen Welten wie Bewohner verschiedener Planeten, mit einander unbekannten Gewohnheiten, Gedanken und Gefühlen.

Diese Konstellation wurde um die Mitte des 19. Jahrhunderts zunehmend als bedrohlich wahrgenommen. In Frankreich sprach man von den handarbeitenden Schichten als
classes dangereuses, als Gefahr für die öffentliche Ordnung
und die Eigentumsrechte der Wohlhabenden. 1849 war von
der »Furcht der Besitzenden« in Europa die Rede, die wie
eine »psychische Epidemie« auftrete und sich rasend schnell
ausbreite.[7]

Der bürgerliche »Central-
verein für das Wohl der
arbeitenden Klassen«
wurde 1844 in Reaktion
auf den schlesischen
Weberaufstand gegründet

Wie begründet die Furcht tatsächlich war, ist fraglich. Die gelegentlichen Unruhen, Arbeitsniederlegungen und Aufstände reichten kaum aus, sie zu füttern. Wenn man daraus gleichwohl weitreichende Schlüsse zog und in die Zukunft projizierte, deutet das darauf hin, dass sich moralische Überzeugungen und Wertgefühle veränderten. Hatten die bürgerlichen Schichten ein halbes Jahrhundert zuvor keine Einwände gegen die Existenz einer großen Zahl nützlicher Armer gehabt, antizipierten sie jetzt eine wachsende Unzufriedenheit dieser Gruppe mit den bestehenden Verhältnissen. Die soziale Ungleichheit, davon gingen sie aus, musste zum Stein des Anstoßes werden und, wie der liberale Staatswissenschaftler Robert Mohl 1844 schrieb, Verbitterung bei jenen auslösen, die ihr Schicksal mit der »Lage der wohlhabenden und höheren Klassen, zunächst mit der ihrer eigenen Beschäftiger« verglichen. Damit gerieten die, die oben saßen und disproportional von dem »allgemeiner gewordenen Wohlstande« profitierten, unter Legitimationsdruck. Anstatt ihren Blick wie in der »alten Zeit« abzuwenden, suchten die Menschen der »neuen Zeit« nach »hilfebringenden Mitteln«.[8]

Fand Disraeli diese Mittel in einem aristokratisch-konservativen Paternalismus, vertraute Smiles auf das liberale Credo der Selbsthilfe. Er bestand auf einem geteilten Werte- und Gefühlskanon, der sich auf die charakterbildende Kraft der Arbeit und Selbstsorge konzentrierte. Wohltätigkeitsgeschenke lehnte er ab, denn sie beließen die Armen in ihrer Bedürftigkeit und Abhängigkeit. Hilfe zur Selbsthilfe war das einzig legitime und wirksame Instrument, die Klassenspaltung zu überwinden und den Arbeiter nach dem Modell des fleißigen, sparsamen, zukunftsbewussten »Capitalisten« zu formen.

Genossenschaften: Alternativen zum Kapitalismus?

Smiles' Rezepturen trafen auf offene Ohren. Er war weder der Erste noch der Einzige, der damals Vorschläge zur Lösung der Armuts- und Arbeiterfrage unterbreitete. Vieles war längst in die Praxis umgesetzt, Spar- und Hilfskassen ebenso wie Genossenschaften.

Weit über die Grenzen Großbritanniens hinaus bekannt wurde das Genossenschaftsprojekt Robert Owens. Owen, 1771 geboren, hatte sich als erfolgreicher Textilfabrikant einen Namen gemacht, bevor er 1800 im schottischen New Lanark florierende Baumwollspinnereien mit 2000 Arbeiterinnen und Arbeitern übernahm. Rasch merkte er, dass es sich lohnte, in die Bildung, Gesundheit und Moralität der Beschäftigten, ein Viertel davon Kinder, zu investieren. Er verkürzte die tägliche Arbeitszeit auf zehneinhalb Stunden, richtete Kranken- und Rentenkassen ein, ließ Wohnungen

Nicht verwirklichte Vision Robert Owens von New Harmony,
Indiana, USA, Gravierung, 1848

zu niedrigen Mieten bauen und stellte der Belegschaft preis-
günstige Lebensmittel zur Verfügung. Alkoholkonsum auf
dem Fabrikgelände wurde eingeschränkt oder ganz verboten.
Kinder sollten nur dann eingestellt werden, wenn sie lesen,
schreiben und rechnen (bei Mädchen auch nähen) konnten.

Der Erfolg gab Owen recht: Die Produktivität stieg, Dieb-
stähle wurden seltener und Bestrafungen weitestgehend
überflüssig. Neue Produktionstechniken sicherten den New
Lanark Mills zudem einen bedeutenden Wettbewerbsvorteil.
Sie wurden zum Vorzeigebetrieb, zu dem europäische Fürs-
ten und Politiker pilgerten. Außer dem russischen Zaren,
österreichischen Prinzen und sächsischen Gesandten trugen sich zwischen 1815 und 1825 20 000 weitere Personen ins
Gästebuch ein.

Für Owen gingen technische Innovationen, die Organisation der Produktion und die Verbesserung der Lebensbedingungen Hand in Hand, das eine bedingte das andere.
Das unterschied sein Experiment von den sozialpolitischen
Initiativen vieler anderer Fabrikbesitzer. Auch Unternehmer

wie Alfred Krupp bauten Wohnsiedlungen für ihre Arbeiter, gründeten Sparkassen und Krankenhäuser. Aber sie wollten Herr im Haus bleiben und Kontrolle über eine stabile, gefügige Stammbelegschaft ausüben. Owen hingegen ging es um eine »neue moralische Welt«, wie der Titel seiner seit 1834 erscheinenden Wochenzeitung (in der auch Friedrich Engels schrieb) versprach.

In dieser Welt sollten Menschen selber entscheiden, wie sie »am vorteilhaftesten beschäftigt werden« und »ihre eigenen Bedürfnisse befriedigen«. Anstatt die in seinen Augen »gefährlichen und jämmerlichen Prinzipien der Uneinigkeit, Teilung und Vereinzelung« fortzuführen, prämierte Owen Vereinigung und Kooperation. Als Organisationsform wählte er die Genossenschaft, die sowohl auf Produktionsebene als auch beim Ein- und Verkauf von Konsumgütern zum Einsatz kam.

Diese Verbindung fehlte der von großen Hoffnungen begleiteten New Harmony-Siedlung in den USA. In den 1820er Jahren gegründet, ließ sie sich von Owens Konzepten inspirieren und zog Reformer aller Couleur an, Abolitionistinnen, Bildungsapostel, frühe Feministinnen. Aber ohne gewerblich-industrielle Grundlage waren ihre Tage gezählt.[9]

Dennoch lebten die Siedlungsidee ebenso wie das Genossenschaftsmodell weiter und fanden immer wieder neue Anwendungsgebiete. Seit den 1890er Jahren zog es zahlreiche Männer und Frauen »zurück zur Mutter Erde«, Landkommunen schossen wie Pilze aus dem Boden. Manche blieben im Umkreis größerer Städte, andere wanderten nach Übersee aus. Unter Rückgriff auf die mittelalterliche und frühneuzeitliche Allmende-Wirtschaft, die als positiver »Gegensatz zum unbeschränkten Privateigentum« galt, entwickelten sie genossenschaftliche Siedlungskonzepte, die ökonomische, soziale und moralische Belange zusammenführten. Man wollte in einer »gesunden« Gemeinschaft leben und arbei-

SPD-Traditionsfahne, 1873

ten, ohne Ausbeutung und Unterdrückung. Entsprechende Projekte zirkulierten in allen sozialen und politischen Kreisen, unter zionistisch gesinnten Juden nicht anders als unter völkischen Rassefanatikern.[10]

Auch und nicht zuletzt die Arbeiterbewegung suchte nach belastbaren Alternativen zum herrschenden Wirtschaftssystem. Ihren Vereinen und Gewerkschaften reichte es nicht, auf den vorhergesagten Zusammenbruch des Kapitalismus zu warten. Vielmehr knüpften sie, teilweise von Owen beeinflusst, ein dichtes Netz genossenschaftlicher Selbsthilfeunternehmungen, die kapitalistische Prinzipien überwinden und untergraben sollten. Den Anfang machten Produktivgenossenschaften. Die Allgemeine deutsche Arbeiterverbrüderung als größte Organisation von Handwerksgesellen, Meistern und Fabrikarbeitern setzte sie 1848 an die Spitze ihres Selbsthilfe-Programms. Zu Produzentenvereinigungen zusammengeschlossen, könnten ihre Mitglieder, so die Hoffnung, solidarisch wirtschaften, Entscheidungen gemeinsam treffen und verantworten und zu guter Letzt den Gewinn teilen.

Das war ein klares Gegenmodell zum kapitalistischen Prinzip des Privateigentums und würde für die Arbeiter das »Unterthanenverhältnis zur Klasse der Kapitalisten« auflösen. Doch die Erwartungen erfüllten sich nicht. Produktivgenossenschaften konnten nur dann ökonomisch überleben, wenn sie auf das Kapital von Außenstehenden zurückgriffen und »reine Lohnarbeiter« einstellten. Konjunkturellen Einbrüchen sahen sie sich in der Regel nicht gewachsen. Wenn alle Arbeiter Genossen und Miteigentümer waren, stießen Entlassungen auf erbitterte Widerstände, und interne Konflikte legten den Betrieb lahm.[11]

Sehr viel erfolgreicher war die Genossenschaftsidee im konsumtiven Bereich. Konsumvereine und Wohnungsbaugenossenschaften überlebten bis in die zweite Hälfte des 20. Jahrhunderts. Daneben gab es genossenschaftlich verfasste Banken, Versicherungen, Buchverlage, Fahrradfabriken und Reiseveranstalter. Dass diese Unternehmungen nicht nur effizient wirtschafteten, sondern auch moralische Vorstellungen eines guten Lebens in die Praxis umsetzen wollten, machten schon ihre Namen deutlich: Sie hießen »Hoffnung«, »Befreiung«, »Paradies«, »Freie Scholle« oder »Solidarität«.[12]

Solidarität und Versicherung

Solidarität, das Füreinander-Einstehen und Sich-wechselseitig-Unterstützen, war für die Arbeiterbewegung des 19. und 20. Jahrhunderts der zentrale, mit starken Gefühlen unterlegte Wertbegriff. In abgeschwächter Form grundierte das Solidaritätsprinzip aber auch die diversen Kassen- und Versicherungssysteme. Dazu zählten private Lebensversicherungen, die auf der gemeinsamen Beitragspflicht und Risikohaftung der Versicherten beruhten. Wer sie abschloss, tat das freiwillig, ohne gesetzlichen Zwang. Umso höher war der moralische Druck. Wie konnte es ein Familienvater wagen, Frau und Kinder im Fall seines Ablebens unversorgt zurückzulassen? Die Gesellschaft, suggerierte 1868 die *United States Insurance Gazette*, verurteile den Mann, der ohne Lebensversicherung sterbe und seine familialen Pflichten vernachlässige, als »dumm und kriminell«. Doch auch vielen Frauen, obwohl Hauptnutznießerinnen einer Lebensversicherung, widerstrebte diese »Kapitalisierung von Zuneigung«. Sie nahmen die Versicherungssumme als »blood money«, als Blutgeld wahr, das das Leben ihrer Ehegatten in einen Handelsartikel verwandelte.[13]

Auf größere Akzeptanz stießen die Sterbekassen, die man schon aus den vorindustriellen Zünften und Kaufmannskorporationen kannte. Um ein würdiges Begräbnis zu erhalten und nicht auf dem Armenacker verscharrt zu werden, zahlten viele Menschen zu Lebzeiten in eine solche Kasse ein. Anders als die klassische Sparkasse, deren Einlagen individualisiert waren, funktionierten die Sterbekassen als Versicherung auf Gegenseitigkeit. Starb jemand früh, bekamen seine Nachkommen die gleiche Summe ausbezahlt, wie sie ein länger lebendes und Beiträge zahlendes Mitglied beanspruchen konnte.

Nach dem gleichen Solidaritätsprinzip bauten Gesellen- und Arbeitervereine ihre Krankenkassen auf. Um für krankheitsbedingte Erwerbsunfähigkeit vorzusorgen, entrichteten die Mitglieder einen bestimmten Anteil ihres Lohnes als Kassenbeitrag. Im Bedarfsfall bezogen sie dann Krankengeld und konnten die Hilfe eines Arztes in Anspruch nehmen. Das individuelle Erkrankungsrisiko wurde vergemeinschaftet. Alle Mitglieder, auch die gesunden, finanzierten aus ihren Beiträgen die erkrankten Kollegen mit.

Diese Solidarität beruhte auf der Erwartung, dass sich die Versicherten ihrer würdig erwiesen und sie nicht ausnutzten. Wechselseitiges Vertrauen in die Redlichkeit und Ehrlichkeit jedes Einzelnen spielte eine große Rolle. Ganz darauf verlassen aber wollte man sich nicht. Die Kassen setzten Kontrolleure und Prüfverfahren ein, um Fehlverhalten aufzudecken und präventiv zu unterbinden. Kranke Mitglieder wurden beobachtet und unangekündigt zu Hause besucht. Verdichtete sich der Verdacht auf »unwürdiges« Benehmen, wurde das Krankengeld gestrichen.

Ein typischer Fall ereignete sich 1874 in Bielefeld. Die Tischlergesellenkasse stellte die finanzielle Unterstützung ihres Mitglieds Heinrich Nolte ein, weil dieser »tagtäglich die Wirtshäuser besuche«, anstatt seine Krankheit daheim auszukurieren und den Anweisungen des Arztes zu folgen. Nolte beschwerte sich beim Magistrat, unter dem fadenscheinigen Vorwand, er habe »an einem Tage des Monats October einen angetrunkenen Verwandten nach Hause geführt und durch dessen Hin- und Herschwanken ich mit zur Seite gerissen sein mag, was mich ebenfalls der Trunkenheit verdächtig gemacht haben kann, in Wahrheit aber nicht der Fall gewesen ist«. Der Kassenvorstand ließ jedoch nicht locker und machte geltend, dass Nolte laut ärztlichem Attest nur »außer Stande war, *schwere* Arbeiten zu verrichten«. Leichte Tätigkeiten könnte er trotz seines Rheumaleidens ausführen und würde »sicherlich solche bei seinem Meister erhalten haben, wenn er sich nur dazu gemeldet hätte«. Noltes Arbeitsscheu ließ ihn als moralisch fragwürdig erscheinen und rechtfertigte seinen Ausschluss von den Unterstützungsleistungen.[14]

Die bürgerliche Arbeitsmoral war also bei den sozialen Unterschichten angekommen und in die solidarischen Netze eingewoben, mit denen sich Handwerksgesellen und Fabrikarbeiter gegen Notlagen und Hilfsbedürftigkeit abzuschirmen suchten. Als der deutsche Staat die Kassen seit den 1880er Jahren auf eine allgemeine Grundlage stellte und ein bis heute wegweisendes System der Kranken-, Unfall-, Invaliden- und Altersversicherung schuf, erhielt diese Moral eine gesetzlich gesicherte institutionelle Fassung. Denn in den Genuss der Versicherungsleistungen kamen lediglich diejenigen, die einer Erwerbsarbeit nachgingen und deshalb

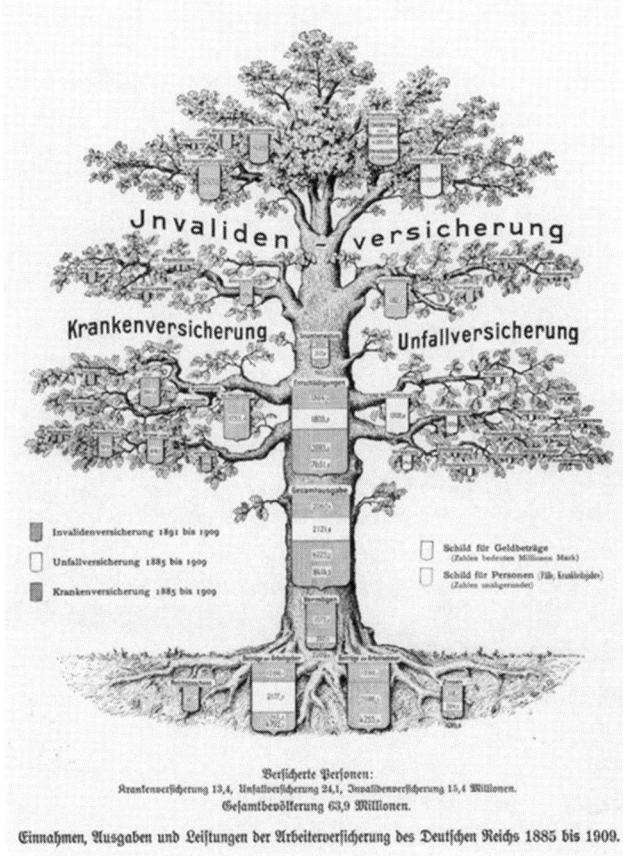

Einnahmen, Ausgaben und Leistungen der Arbeiterversicherung des Deutschen Reichs 1885 bis 1909.

Schaubild der Arbeiterversicherung

verpflichtet waren, in die entsprechenden Kassen einzuzahlen. Wer ohne bezahlte Arbeit war, ging leer aus und musste Armenunterstützung mit ihren (zumindest bis 1918) diskriminierenden Folgen beantragen.

Endnoten

1   Edward P. Thompson, Die ›moralische Ökonomie‹ der englischen Unter-
    schichten im 18. Jahrhundert, in: ders., Plebeische Kultur und moralische
    Ökonomie, Frankfurt 1980, S. 66–130.

2   Beate Althammer u. Christina Gerstenmayer (Hg.), Bettler und Vaganten
    in der Neuzeit (1500–1933), Essen 2013, S. 275–278 (ALR); Ute Frevert,
    Krankheit als politisches Problem 1770–1880, Göttingen 1984, S. 152 f.

3   Dominik Collet, Mitleid machen. Die Nutzung von Emotionen in der
    Hungersnot 1770–1772, in: Historische Anthropologie 23 (2015),
    S. 54–69.

4   Althammer u. Gerstenmayer, Zitate S. 298 f. (Trier), 317.

5   Frevert, Krankheit, Zitate S. 87, 93 f.

6   Samuel Smiles, Selbsthilfe, Halle 1890, Zitate S. 273, 276, 292; ders., Die
    Sparsamkeit, Leipzig 1876, Zitate S. 15, 40, 307–309; ders., Der Charakter,
    Leipzig 1874, Zitate S. 147, 157.

7   Die Medicinische Reform, Nr. 51, 22. 6. 1849, S. 269.

8   Frevert, Krankheit, Zitate S. 124.

9   Robert Owen, Das Soziale System. Ausgewählte Schriften, Leipzig 1988,
    Zitate S. 151.

10 Ulrich Linse (Hg.), Zurück, o Mensch, zur Mutter Erde. Landkommunen
    in Deutschland 1890–1933, München 1983; Anna Danilina, Die mora-
    lische Ökonomie der »inneren Kolonie«. Genossenschaft, Reform und
    Rasse in der deutschen Siedlungsbewegung (1893–1926), in: Ute Frevert
    (Hg.), Moral Economies, Göttingen 2019, S. 103–132.

11 Christiane Eisenberg, Frühe Arbeiterbewegung und Genossenschaften,
    Bonn 1985, Zitate S. 21, 82.

12 Klaus Novy u. Michael Prinz, Illustrierte Geschichte der Gemeinwirt-
    schaft, Berlin 1985, v. a. S. 59, 71, 77.

13 Viviana Zelizer, Morals and Markets. The Development of Life Insurance
    in the United States, New York 1979, Zitate S. 50, 56.

14 Frevert, Krankheit, Zitate S. 262.

III Der Sozialstaat: Fürsorge und Umverteilung

Tatsächlich verlor Armut offiziell erst in den 1920er Jahren ihre moralische Anrüchigkeit. Vorher war es den Empfängern öffentlicher Almosen strikt untersagt, ihre Bürgerrechte auszuüben. Wer kommunale Armenunterstützung bezog, durfte weder in Deutschland noch in Österreich zur Wahl gehen oder in ein politisches Amt gewählt werden. Der Bürgerstatus und die damit verbundenen Rechte kamen prinzipiell nur jenen Männern zu, die für sich und ihre Familien aus eigener Kraft und eigenem Erwerb sorgen konnten. Auch diese Politik trug dazu bei, Erwerbsarbeit moralisch aufzuwerten. Im Gegenzug wurden Erwerbslosigkeit, zumindest für Männer, und die ihr folgende Bedürftigkeit stigmatisiert.

Viele verzichteten deshalb von sich aus darauf, kommunale Unterstützungsleistungen zu beantragen. Gerade »politisch reifere« Menschen, hieß es immer wieder, empfänden die Stigmatisierung als so demütigend, dass sie lieber hungerten als um Hilfe baten.[1] 1892 kümmerte sich der

Verschämte Arme, Leute, welche unverschuldet in dürftige Verhältnisse gerathen sind u. trotz ihrer Unterstützungsbedürftigkeit öffentliche Unterstützung anzusprechen, wegen ihres Standes od. ihrer sonstigen Verhältnisse, sich schämen. Sie sind gewöhnlich Gegenstand der freiwilligen u. Privatarmenpflege; vgl. Armenwesen S. 735.

»Verschämte Arme«, aus: Pierer's Universal-Lexikon, 1864

»Frauen-Verein zur Unterstützung verschämter Armen in Berlin« um über 600 Personen, deren Namen auf eigenen Wunsch unter Verschluss blieben. Sie empfanden ihre Hilfsbedürftigkeit offenbar als beschämend und zogen es vor, »in ihrer Zurückgezogenheit« zu bleiben. Die Vereinsmitglieder nahmen darauf Rücksicht, indem sie die Diskretion wahrten und den Familien »Gelegenheit zu ihren Verhältnissen entsprechender Arbeit« verschafften. Da diese Form der Unterstützung »weniger den Charakter der Almosen« habe, wirke sie »minder drückend und niederschlagend«. Außerdem trage sie dazu bei, »daß durch die Arbeit der innere Mensch wieder gestärkt und zur neuen Tätigkeit angespornt werde, um sich so aus seinem jetzigen Elende wenigstens teilweise selbst herauszureißen«.[2]

Das Projekt »sozialer Kolonisation« verfolgte um 1900 eine ähnliche Strategie. Initiiert von dem konservativen Rittergutsbesitzer und Reichstagsabgeordneten Axel von Kaphengst, fand es Unterstützung bei höheren Staatsbeamten und Professoren, aber auch in Teilen der Gewerkschaften und Genossenschaften. Das Ziel lautete »Erziehung zur Arbeitsamkeit und Selbsthilfe unter Wahrung der Menschenwürde«. Anstatt die »großen Massen der großstädtischen und industriellen Arbeitslosen« durch Gemeinden und Gewerkschaften finanziell »über Wasser zu halten«, sollten sie in Arbeiterkolonien zusammengefasst und mit nützlichen Tätigkeiten beschäftigt werden. Mit dem dafür gezahlten Lohn könnten sie ihre Familien notdürftig ernähren und durch die schlechte Zeit bringen.

Das Vorhaben blieb keine graue Theorie. Seine praktische Umsetzung beruhte auf dem Gedanken, dass Almosen denjenigen, der sie empfange, beschämen, wohingegen entlohnte, wertschaffende Arbeit das Selbstgefühl des Arbeitenden positiv beeinflusse. Eine Leistung zu beziehen, ohne eine

Gegenleistung zu erbringen, widerspreche dem »ethischen Gefühl des Volkes« und sei gerade für die »besseren arbeitslosen Elemente« eine Quelle sozialer Scham. Diese Scham noch dadurch zu verstärken, dass man ihnen im Unterstützungsfall die Bürgerrechte entziehe, galt als unzeitgemäß für eine moderne Industriegesellschaft. Als »industrielle Reservearmee«, die in Konjunkturaufschwüngen ihr Auskommen fand und bei ökonomischen Einbrüchen entlassen wurde, befanden sich viele Männer und Frauen in einer ausgesprochen prekären Lage. Sie kurz- und mittelfristig zu stabilisieren, war Zweck der Arbeiterkolonien. Immerhin setzten deren Gründer und Fürsprecher durch, dass die dort Arbeitenden und Lebenden offiziell nicht als Empfänger von Armenunterstützung galten, obwohl der Lohn aus öffentlichen Mitteln finanziert wurde.[3]

Demokratische Rechte und Berechtigungen

Nach dem Ersten Weltkrieg und mit dem Ende des Kaiserreichs erhielten solche Reformansätze einen weiteren Schub. Der demokratische Staat der Weimarer Republik wollte jedem Bürger die Möglichkeit bieten, »durch wirtschaftliche Arbeit seinen Unterhalt zu erwerben. Soweit ihm angemessene Arbeitsgelegenheit nicht nachgewiesen werden kann, wird für seinen notwendigen Unterhalt gesorgt«. So bestimmte es die Verfassung von 1919. Damit bestätigte sie einerseits das gängige Arbeitsprinzip und dessen hohen moralischen Status: Jeder Deutsche habe die »sittliche Pflicht, seine geistigen und körperlichen Kräfte so zu betätigen, wie es das Wohl der Gesamtheit erfordert«. Andererseits erhielten Bürger dann, wenn sie dieser Pflicht nicht nachkommen konnten, einen verbrieften Unterhaltsanspruch. In der Regel sollte er auf dem Versicherungsweg eingelöst werden. Für den Fall, dass kein Versicherungsschutz bestand, trat der Staat in Form allgemeiner, nicht diskriminierender Wohlfahrtspflege ein.

Damit schlug die Weimarer Republik ein neues Kapitel im Umgang mit Armut und Bedürftigkeit auf. Vorbei war die Zeit, als der Bezug von Armenhilfe als Almosen galt und die Wahrnehmung staatsbürgerlicher Rechte unterband. Jetzt verpflichtete sich der Staat dem »Ziel der Gewährleistung eines menschenwürdigen Daseins für alle«, wie es in Artikel 151 der Verfassung hieß. Gerieten Bürger an die Grenzen ihrer Selbstsorge, hatte er ihnen Hilfe zu leisten, ohne sie moralisch zu bewerten oder zu verurteilen.

In diesem Geist erfolgte der Aufbau eines öffentlichen Fürsorgesystems in den 1920er Jahren. Es verzichtete bewusst auf die Mittlerrolle bürgerlicher Armenpfleger, wie sie das 19. Jahrhundert auf kommunaler Ebene vorgesehen und eingerichtet hatte. Stattdessen entstanden anonyme Wohlfahrtsbürokratien mit standardisierten Arbeitsabläufen. Verrechtlichung und Entmoralisierung gingen Hand in Hand. Jede bedürftige Person sollte respektvoll nach den gleichen Maßstäben behandelt werden und ihr Recht bekommen.

Gleichwohl empfanden viele Antragsteller und Antragstellerinnen die strengen Bedürftigkeitsprüfungen der Ämter als Zumutung. Ihre Beschwerden zeugen von einem wachsenden Selbstbewusstsein als Bürger und Bürgerinnen eines demokratischen Staates, der ihnen Unterstützung schuldete. Diejenigen, die sich bei den Fürsorgestellen meldeten, taten das häufig nicht mehr schamvoll, sondern fordernd. Sie pochten auf ihre verfassungsmäßigen Rechte und verwahrten sich dagegen, von den Behörden unfreundlich oder gar abschätzig behandelt zu werden. Das fiel ihnen leichter, wenn sie mit Fug und Recht argumentieren konnten, dass sie an ihrer Lage nicht selber schuld seien. In Phasen hoher Ar-

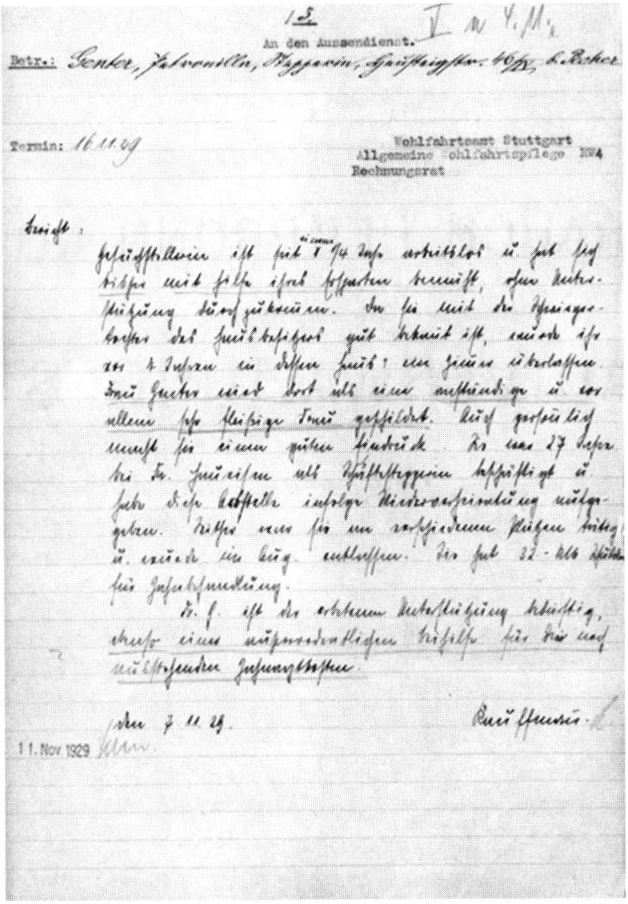

Betr.: [...]

Termin: 16.11.29

Wohlfahrtsamt Stuttgart
Allgemeine Wohlfahrtspflege No4
Rechnungsrat

Bericht:

den 7.11.29.

11. Nov. 1929

Bericht des Stuttgarter Wohlfahrtsamts über eine Antragstellerin und deren Lebensumstände, 1929

beitslosigkeit um Unterstützung nachzusuchen, bot keinen Grund für individuelle Scham und soziale Beschämung.[4]

Verstärkt wurde dieses Bewusstsein durch den Krieg und dessen Folgen. Millionen von Verwundeten und Versehrten, Witwen und Waisen erwarteten vom Staat, dass er sie angemessen versorgte und für die Opfer entschädigte, die sie ihm gebracht hatten. Nach dem Zweiten Weltkrieg kam die Erfahrung von Wohnraumverlust, Flucht und Vertreibung hinzu. Auch der eklatante Mangel an Arbeitsplätzen in der unmittelbaren Nachkriegszeit weckte Erwartungen an öffentliche Hilfs- und Versorgungsleistungen. Lange vor dem Sozialhilfegesetz von 1961, das den Rechtsanspruch auf Mindestunterstützung unter Hinweis auf die Menschenwürde verbindlich festschrieb, hatten einige Länderverfassungen das Bürgerrecht auf Fürsorge bei Arbeitsunfähigkeit und Erwerbslosigkeit bereits bekräftigt. Trotz knapper Kassen fand in den 1950er Jahren ein beispielloser Ausbau sozialstaatlicher Leistungen statt, in der Grundsicherung ebenso wie in der Renten-, Familien- und Wohnungsbaupolitik, von der nicht zuletzt die Mittelschicht profitierte.[5]

Mit der Stärkung sozialer Rechte wuchs das Berechtigungsdenken der Bürgerinnen und Bürger. Bei den westdeutschen Verwaltungsgerichten gingen immer wieder Klagen Betroffener ein, die sich vom Sozialamt ungerecht beurteilt fanden. Während die lokalen Behörden oft recht strikte Maßstäbe an ökonomisches, moralisches und politisches Wohlverhalten anlegten, beharrten die Richter darauf, der Versorgungsanspruch gelte unabhängig von individueller Lebensführung und politischer Überzeugung. Allerdings folgten auch sie dem Grundsatz, jeder sei nach Maßgabe seiner Kräfte zur Selbstsorge verpflichtet. »Arbeitsscheuen« durfte die Sozialhilfe ebenso gekürzt werden wie jenen, die durch »unwirtschaftliches Verhalten«, sprich Verschwendung, auffielen.[6]

Die Orientierung an einer allgemein verbindlichen Erwerbsmoral stieß jedoch dort an ihre Grenze, wo sich Richter gehalten fühlten, die traditionelle Geschlechterordnung zu stützen. Verheirateten Frauen, vor allem Müttern, wollten sie keinesfalls zumuten, durch eigene Erwerbstätigkeit zum Familieneinkommen beizutragen. Selbst während des wirtschaftlichen Aufschwungs der 1950er und 1960er Jahre wurde daran nicht gerüttelt. Im gleichen Zeitraum erhöhte sich der moralische Druck auf männliche Sozialhilfeempfänger, sich aktiv am bundesdeutschen »Wirtschaftswunder« zu beteiligen; wer es nicht tat, setzte sich in Zeiten annähernder Vollbeschäftigung dem Verdacht aus, an seiner Bedürftigkeit selber schuld zu sein, und zog sich den Vorwurf fehlender Selbstverantwortung und Eigeninitiative zu.

Die seit den 1970er Jahren wieder ansteigende Arbeitslosigkeit leitete dann einen erneuten Richtungswechsel in der moralischen Ökonomie der Armut ein. Angesichts einer wachsenden Sockelarbeitslosigkeit, unter der besonders ältere Beschäftigte litten, verlagerte sich die öffentliche Debatte weg von der individuellen Verantwortung hin zu einer Bringschuld des Staates, erwerbslosen Personen ein menschenwürdiges Leben zu ermöglichen. Manche riefen nach einem garantierten Mindesteinkommen, andere setzten sich für eine allgemeine Staatsbürgerversorgung ein. Zugleich bröckelte, im Einklang mit einer größeren Wertschätzung individueller Rechte und Freiheiten, die soziale Akzeptanz repressiver Maßnahmen gegenüber Empfängern öffentlicher Unterstützungsleistungen.

Insgesamt, das zeigen neuere Umfragen, gibt es in der Bevölkerung inzwischen eine große Bereitschaft zu Sozialtransfers. Dass Bedürftige aus dem Steuersäckel unterstützt werden, steht nicht mehr infrage und gilt als gerecht. Allerdings wird erwartet, dass sich die Unterstützten ihrerseits fair verhalten und sich nicht, wie es manchmal heißt, in der sozialen Hängematte ausruhen. Zur Fairness gehört, mit dem Jobcenter zu kooperieren und zumutbare Beschäftigungen aufzunehmen. Wer dies ablehnt, muss mit Sanktionen und Leistungskürzungen rechnen. Das finden, laut einer repräsentativen Umfrage von 2018, 65 Prozent der Befragten richtig, unter CDU-Anhängern sogar 70 Prozent und unter SPD-Wählern immerhin noch 52 Prozent.[7] Das Prinzip des Förderns und Forderns, wie es seit den späten 1990er Jahren diskutiert und praktiziert wird, trifft somit auf Zustimmung.

Immer mehr Menschen können sich jedoch auch mit der Idee eines bedingungslosen Grundeinkommens anfreunden. In Deutschland und Österreich sprechen sich derzeit jeder und jede zweite Befragte dafür aus. Sie finden ein existenzsicherndes Bürgergeld für alle, unabhängig von der Bedürftigkeit, zukunftsfähiger und sozial gerechter als das bisherige System. Wie ein Experiment in Finnland gezeigt hat, machte das Geld die Empfänger zwar nicht unbedingt produktiver, aber glücklicher. Sie fühlten sich weniger stigmatisiert und gewannen an Selbstvertrauen.[8]

Leistungs- oder Bedarfsmoral?

Dass heute wieder heftig und kontrovers über (relative) Armut debattiert wird, zeigt, wie empfindlich die liberale Wohlstandsgesellschaft auf die Tatsache reagiert, dass Not und Bedürftigkeit ungeachtet aller privaten und öffentlichen Anstrengungen nicht aus ihrer Mitte verschwunden sind. Ebenfalls nicht verschwunden ist, aller Versachlichung und Verrechtlichung zum Trotz, die moralische Bewertung und Einbettung sozialer Transferleistungen. Dafür, dass solche

Leistungen ohne Prüfung der Bedürftigkeit gewährt werden, gibt es derzeit keine klare Mehrheit.

Umgekehrt reagieren jene, die öffentliche Unterstützung erhalten, empfindlich bis gekränkt auf die Unterstellung, ihr Leben auf Kosten der Allgemeinheit zu fristen. Die erforderlichen Behördengänge und Bedürftigkeitsprüfungen nehmen viele als demütigend wahr. Über die Höhe der staatlich gewährten Zuwendungen tobt ein ewiger Streit, dem es an schrillen Tönen und Übertreibungen nicht fehlt.

Die öffentliche, medial vermittelte Meinung steht dabei meist auf der Seite der Bedürftigen. 2018 erregte der deutsche christdemokratische Gesundheitsminister Anstoß mit seiner Äußerung, im auskömmlich finanzierten Wohlfahrtssystem der Bundesrepublik brauche niemand zu hungern. Das kam nicht gut an, obwohl es der Wahrheit entspricht. Die privat organisierten »Tafeln«, die der Minister im Auge hatte, sind tatsächlich nicht dafür da, Menschen vor dem Verhungern zu bewahren. Aber sie erlauben ihnen, das vom Sozialamt oder Jobcenter bereitgestellte Geld für andere Dinge als Lebensmittel oder Kleidung auszugeben. Das kann, aus der Sicht der Steuerzahlenden, Überflüssiges oder gar Schädliches sein wie Zigaretten, Drogen und Alkohol. Es können aber auch moralisch gute, achtbare Dinge sein, denen vermutlich niemand seine Zustimmung versagt, wie ein Geschenk fürs Enkelkind.

Wie eindeutig die moralische Kommunikation über Armut und Bedürftigkeit Partei bezieht, zeigte der Fall eines 50-jährigen Mannes aus Dortmund, der 2017 Schlagzeilen machte. Als Hartz IV-Empfänger saß er häufig mit seinem Hund in der Innenstadt und bettelte – um sich für seine Wohnung »was Neues leisten« zu können, wie er sagte. Das Dortmunder Jobcenter bekam Wind davon und kürzte die Zahlungen. Daraufhin erhob sich ein Sturm öffentlicher

Entrüstung, nicht anders als 2009, als ein ähnlicher Fall in Göttingen bekannt wurde. Viele protestierten gegen das, was sie als soziale Härte und Knickerigkeit empfanden, und verwiesen darauf, wie großzügig der Staat bei der Rettung krisengeschüttelter Banken und Unternehmen vorging.[9]

Eine reiche Gesellschaft, heißt es immer wieder, könne und müsse sich eine solche Großzügigkeit auch gegenüber ihren Armen leisten – und zwar ohne Gegenleistungen einzufordern. In diesem Sinne argumentieren die Fürsprecher des bedingungslosen Grundeinkommens, meist besser gebildete Frauen und Männer, die ein positiv-optimistisches Menschenbild pflegen und ihre Wahlstimme linksliberal-grünen Parteien schenken. Auf weit weniger Sympathie trifft der Plan bei jenen, deren Nettoeinkommen nur wenig über dem liegt, was die Agentur für Arbeit an Hartz IV-Empfänger überweist. Sie bestehen darauf, dass sich »Arbeit lohnen« muss und dass die Grenze zu denen, die keiner entlohnten Arbeit nachgehen, finanziell und moralisch scharf gezogen bleibt.

Mit einer solchen Statuskonkurrenz bekam es der Grazer Pfarrer Wolfgang Pucher zu tun, als er in den 1970er Jahren damit begann, sich der Ärmsten der Armen anzunehmen. Anfangs waren es die Bewohner einer Slumsiedlung, später Roma, bosnische Geflüchtete und Obdachlose, denen er, unterstützt von freiwilligen Helferinnen und Helfern, ein Dach über dem Kopf und eine warme Mahlzeit anbot. Auf unerwartete Widerstände stieß er in der Arbeiterschaft. Selbst die Pfarrjugend und die Mitglieder der Katholischen Arbeiterbewegung, die Pucher in seiner Gemeinde gegründet hatte, verweigerten die Mitarbeit.

Demgegenüber kamen seine Helfer und Spender häufig aus bessergestellten Kreisen, die sich tätiges Mitgefühl leisten konnten und nicht befürchteten, im sozialen Wettbewerb den

Kürzeren zu ziehen. In ihnen fand Pucher auch willige Mitstreiter gegen die Bettelverbote, die manche österreichische Kommunen in den 2000er Jahren verhängen wollten. Bereits 1996 fand in Graz eine große Razzia gegen Straßenbettelei statt. Später gerieten bettelnde Roma-Familien ins Visier der städtischen Verwaltung. Konservative und rechtspopulistische Parteien machten sich für ein generelles Bettelverbot stark. Pucher widersprach, bei den Bettelnden handele sich lediglich um Einzelpersonen, die ruhig vor den Geschäften säßen und ihre Hand aufhielten. Die Kommunen müssten in der Lage sein, diese Leute »auszuhalten«. Eine Umfrage unter der Grazer Bevölkerung ermittelte, dass sich fast die Hälfte »gar nicht« und ein weiteres Viertel »eher nicht« durch die Bettelnden gestört fühlten.[10]

Nun sind solche Umfragen mit Vorsicht zu genießen. Ihre Ergebnisse spiegeln häufig das, was sozial erwünscht wird, und Befragte neigen dazu, so zu antworten, dass es vermuteten oder tatsächlichen Erwartungen entspricht. In den auf Verständnis, Respekt und Empathie bedachten westlichen Gesellschaften geben sich viele Menschen großzügiger und liberaler, als sie tatsächlich sind, denn niemand möchte als hartherzig und egoistisch gelten. Dennoch mögen sie sich beim Anblick bettelnder Männer, Frauen und Kinder, die mit ostentativen Demutsgesten auf sich aufmerksam machen, negativ berührt fühlen. Gerade solche Gesten – gebeugte Knie, gesenkter Kopf, gefaltete Hände – werden oft als moralische Nötigung empfunden.

Steuerzwang oder freiwillige Gaben?

In den europäischen Wohlfahrtsregimen gehen die meisten Menschen zu Recht oder Unrecht davon aus, dass die Unterstützung Bedürftiger eine staatliche Aufgabe sei und sie selber als Steuerzahler bereits das Notwendige dazu beigetragen haben. Alle Menschen mit einem Jahreseinkommen, das den Grundfreibetrag zur Finanzierung des Existenzminimums überschreitet, werden vom Finanzamt zur Kasse gebeten. Aus ihren Steuern bezahlt der Staat öffentliche Infrastruktur-, Bildungs- oder Verteidigungsausgaben, aber auch viele Leistungen und Transfers wie Kindergeld, Zuschüsse zur gesetzlichen Renten- und Krankenversicherung, Jugend- und Sozialhilfe oder die Grundsicherung für Arbeitsuchende. So ist gewährleistet, dass basale Bedürfnisse zur Lebensführung wie Wohnung, Nahrung, Heizung und Kleidung sowie, für Kinder und Jugendliche, Bildung auch für diejenigen gedeckt werden, die sie aus eigener Kraft nicht bezahlen können.

Gegen steuerfinanzierte Sozialtransfers gab es anfangs allerdings erhebliche Vorbehalte und Einwände. Viele Bürger wollten lieber das alte Modell privater Almosen beibehalten, als dem Staat eine feste Steuer dafür zahlen. 1835 wagte der badische Liberale Carl von Rotteck die Prognose: »Freiwillige Gaben zur Unterstützung der Armen werden unendlich reichlicher fließen in dem Maße, als man die freie wohlthätige Gesinnung walten läßt, oder nach Umständen ermuntert, wogegen man sich nach Thunlichkeit zurückzieht und karg ist, wo immer blos von strenger Rechtschuldigkeit der Almosenunterstützung oder von zwangsweise einzufordernder Steuer die Rede ist.«[11]

Leider kannte das 19. Jahrhundert noch keine Verhaltensökonomen, die Rottecks These bestätigten oder falsifizierten. Wurde und würde unter den Bedingungen der Freiwilligkeit tatsächlich mehr gegeben als unter denen des Steuerzwangs? Heutige Statistiken lassen sich, bei aller gebotenen Vorsicht, so interpretieren, dass in Ländern mit niedrigen Steuersätzen häufiger und großzügiger für wohltätige Zwecke gespendet wird als dort, wo Bürger relativ hohe Steuern entrichten. Besonders deutlich wird das in Staaten mit und ohne Kirchensteuer. Wenn religiöse Gemeinschaften ausschließlich auf freiwillige Zuwendungen ihrer Mitglieder angewiesen sind, müssen diese notwendigerweise höher ausfallen als dort, wo die Kirchen wie in Österreich Steuern von ihren Mitgliedern verlangen. In Deutschland und der Schweiz zieht der Staat allen kirchlich gebundenen Steuerzahlern direkt eine feste Quote vom Einkommen ab und leitet sie an die Kirchen weiter.

Wilhelm Kleinenbroich, Mahl- und Schlachtsteuer, 1847

Diskussion um die Einführung einer Lustbarkeitssteuer
»für Armenzwecke« in Graz 1910

Nun hat sich kein Gemeinwesen zur Finanzierung seiner Aufgaben und Aktivitäten jemals vollständig auf die
Freigiebigkeit seiner Bürger oder Untertanen verlassen. Der
moderne Staat, wie er seit der Frühen Neuzeit entstand, erlegte den Einwohnern immer mehr direkte und indirekte Ab

gaben auf. Manche Steuerarten erbte er von seinen Vorgängern, andere erfand er neu. Schon das Mittelalter kannte eine Glücksspielsteuer, deren Erträge in die kommunale Armenpflege flossen. Daran hielten die Gemeinden auch im 19. und frühen 20. Jahrhundert in Form einer Lustbarkeitssteuer fest. Sie wurde auf öffentliche Bälle, Maskeraden, Konzerte, Theateraufführungen und Kegelbahnen erhoben und sollte die steigenden Ausgaben für Arme und Bedürftige decken.

Derartige »Luxussteuern« waren Teil einer älteren moralischen Ökonomie, die die Reichen und Wohlhabenden zur Fürsorge für die Armen und Bedürftigen verpflichtete. Bloße Freiwilligkeit reichte dafür offenbar nicht aus, denn zur moralischen Erwartung gesellte sich der institutionalisierte Druck des Staates, der Kommunen und der Kirchen. In Zeiten politischer und wirtschaftlicher Krisen schien dieser Druck besonders geboten. Lustbarkeits- oder Vergnügungssteuern verschafften den Kommunen in den 1920er Jahren dringend benötigte Einnahmen, um die wachsende Fürsorgelast zu bewältigen. Bis heute dürfen sich Städte und Gemeinden aus dieser Finanzquelle bedienen.

Allerdings hat sich der Charakter der Steuer in der Zwischenzeit merklich verändert. Von einer Luxussteuer kann längst nicht mehr die Rede sein, denn an »Lustbarkeiten« wie Spielautomaten, Filmvorführungen und Tanzveranstaltungen erfreuen sich beileibe nicht nur Spitzenverdiener. Schon in den 1920er Jahren sprach man von der Kinobegeisterung der »kleinen Ladenmädchen«. Dass sie, deren Löhne überaus karg bemessen waren, mit dem Kauf einer Eintrittskarte zugleich einen Beitrag zur Wohlfahrtspflege leisteten, war unter dem Aspekt sozialer Gerechtigkeit bereits damals kaum zu rechtfertigen.

Ohnehin wirkten die zahlreichen Verbrauchssteuern, die sich der Gesetzgeber ausdachte, verteilungspolitisch eher kontraproduktiv. Abgaben auf Branntwein, Tabak, Kaffee oder Mineralöl belasten, als indirekte Steuern, die Bezieher geringerer Einkommen proportional viel stärker als Besserverdienende. Den gleichen negativen Umverteilungseffekt erzielt die Mehrwertsteuer, die auf den Preis von Waren und Dienstleistungen aufgeschlagen wird, so dass letztlich die Kunden und Verbraucher die Zeche zahlen.

Das widerspricht dem Grundsatz, den schon Adam Smith im 18. Jahrhundert aufgestellt hatte, nämlich Steuern direkt zu erheben und an die ökonomische Leistungsfähigkeit und Einkommensverhältnisse der zu Besteuernden zu binden. Geringverdiener sollten nicht oder jedenfalls erheblich weniger herangezogen werden als Wohlhabende.

Steuergerechtigkeit

Das klingt ein bisschen nach Robin Hood. Reiche sollen mit ihren Steuern dafür zahlen, dass der Staat Armen und Bedürftigen unter die Arme greift. Die Idee der Steuerprogression verfeinerte und verschärfte das Prinzip, indem mit der Höhe des Einkommens auch der Steuersatz steigen sollte.

Vorformen der Progression existierten in Deutschland seit dem frühen 19. Jahrhundert. Aber erst in den 1890er Jahren fand sie ihre im Wesentlichen bis heute gültige Form. Als der preußische Finanzminister Johannes Miquel das damals bahnbrechende Einkommenssteuergesetz entwarf, ging es ihm nicht zuletzt um Gerechtigkeit: Die direkte Steuerlast sollte »gerechter« verteilt werden. Bürger, die »steuerkräftiger« und leistungsfähiger waren als andere, wurden entsprechend stärker an der Finanzierung der Staatsaufgaben beteiligt.

Interessanterweise erhob sich gegen diese Argumentation kein Widerspruch. Im Gegenteil verschärfte die parlamentarische Kommission, die über Miquels Vorschläge beriet, die Progression, indem sie die Steuertarife für kleine und mittlere Einkommen deutlich senkte und die für Spitzeneinkommen erhöhte. Wer mehr verdiente, als er zur Bestreitung des – differenziert veranschlagten – Lebensunterhalts brauchte, und den Überschuss zur »Kapitalansammlung« nutzte, sollte billigerweise einen höheren Steuersatz entrichten.

Auch die wichtigste Neuerung des Gesetzes, die obligatorische Steuererklärung »auf Ehre und Gewissen«, »auf Bürgerpflicht und auf Bürgereid«, passierte das Parlament mit großer Mehrheit. Noch 1847 hatte der preußische Vereinigte Landtag, eine Versammlung des Adels, der städtischen Grundbesitzer und der Bauern, eine solche Deklarationspflicht mit überwältigender Mehrheit abgelehnt. 1891 hingegen folgte das Abgeordnetenhaus der Argumentation des Finanzministers, dass damit »mehr Gerechtigkeit« entstehe »gegenüber dem Glanz großer Einkommen, die viel leichter verborgen bleiben können«. Zwar wusste auch Miquel, dass der Zwang auf »viel offenen und geheimen Widerwillen« stieß. Dennoch stimmten ihm beide Kammern des preußischen Parlaments letztlich zu und bahnten damit einer neuen Kultur aktiver Steuerehrlichkeit den Weg.[12]

An der Frage der Steuermoral scheiden sich seitdem die Geister. Dass Bürger ihr Einkommen in voller Höhe angeben und ordentlich versteuern, gilt traditionell eher für jene Gruppen, die als Lohnempfänger oder Beamte wenig bis keine Gelegenheit finden, ihre Steuerschuld kreativ zu verringern. Bezieher höherer Einkommen und Selbstständige können demgegenüber, ganz legal und ohne Steuern zu hinterziehen, vielfältige Abschreibungsmöglichkeiten und Steuerschlupflöcher nutzen. Beraten von versierten Steuerexperten und Anwälten, sehen sie zahlreiche Optionen, ihre Steuerzahlung zu »optimieren«.

Angesichts enormer Unternehmensgewinne und rasant wachsender Spitzeneinkommen entzündet sich daran derzeitig viel Kritik. Überall diskutiert man die Anhebung der Höchststeuersätze und prangert die Steuerflucht der Millionäre und Milliardäre an. Nicht nur Hilfsorganisationen wie Oxfam machen darauf aufmerksam, dass den Staaten riesige Summen fehlen, weil internationale Konzerne Steuern vermeiden und die Länder gegeneinander ausspielen. Steueroasen wie Panama oder die Bahamas ziehen inzwischen große negative Aufmerksamkeit auf sich und werden öffentlich skandalisiert.

Innerhalb Europas haben Länder wie die Schweiz oder Österreich auf den Druck reagiert und ihre Finanz- und Steuerpolitik revidiert. 2018 rügte die Europäische Kommission sieben EU-Mitglieder – darunter die Niederlande, Belgien und Luxemburg – wegen ihrer aggressiven Praktiken im internationalen Wettbewerb um günstige Steuersätze für Unternehmen. Sie verletzten damit, hieß es aus Brüssel, allgemeine Gerechtigkeitsvorstellungen. Dass es bis heute nicht gelungen ist, Konzerne wie Google oder Amazon dort, wo sie ihre Gewinne erzielen, angemessen zu besteuern, ist kein Ruhmesblatt für eine Staatengemeinschaft, die, wie es im EU-Vertrag von Lissabon heißt, »die Solidarität zwischen ihren Völkern« stärken möchte.

Steuergerechtigkeit ist und bleibt also ein großes und heißes Thema. Nach Ansicht mancher Beobachter steht sie sogar im Mittelpunkt eines »beginnenden Großangriffs auf das Kapital«. Die »neue Wut auf den Kapitalismus« befeuert diesseits und jenseits des Atlantiks Forderungen nach Enteignungen und höheren Steuern. Eine »neue soziale Regulierung« verlangt der französische Ökonom Thomas Piketty, der 2013 mit seinem Buch über *Das Kapital im 21. Jahrhundert* zu einem prominenten Kritiker der weltweiten Ungleichheit wurde. Letztere habe, so Pikettys neuer, mit vielen anderen Wissenschaftlern verfasster Bericht von 2017, in den vergangenen Jahrzehnten massiv zugenommen, am stärksten in Ländern wie Russland und den USA. Gehörten dem reichsten Prozent der US-Amerikaner 1980 22 Prozent des dortigen Gesamtvermögens, waren es 2014 bereits 39 Prozent. Auch bei den Einkommen gehe die Schere zwischen Arm und Reich auseinander, denn die Einkünfte aus Kapital wüchsen oft sehr viel schneller als die Löhne und Gehälter. Erzielte die untere Hälfte der bundesdeutschen Einkommensbezieher in den 1960er Jahren immerhin ein Drittel der Gesamteinkommen, erwirtschaftet sie heute nur noch ein Sechstel davon. Bei den obersten zehn Prozent landen zwei Fünftel.

Vorschläge, wie diese Schieflage zu beheben sei, gibt es zuhauf. Am häufigsten genannt werden Steuern auf Vermögen und Erbschaften, eine starke Progression, hohe Spitzensätze und ein globales Finanzregister, um Geldwäsche, Steuerflucht und -vermeidung erfolgreicher zu bekämpfen. Neben Wissenschaftlern und NGOs sind es immer wieder einzelne Politiker und Politikerinnen, die sich an die Spitze nationaler und übernationaler Protestbewegungen gegen »den Kapitalismus« setzen. Derzeit macht die junge demokratische US-Abgeordnete Alexandria Ocasio-Cortez als Ikone des Widerstands von sich reden. Seit sie 2019 ihren Sitz im Kongress eingenommen hat, engagiert sie sich öffentlichkeitswirksam nicht nur für einen »grünen New Deal«, sondern auch für einen Steuersatz »bis zu 70 Prozent«.[13]

Das lässt Großverdiener zusammenzucken. Sie erkennen darin eine offene Kriegserklärung an ihre Leistungsmoral und fühlen sich für etwas missachtet, das ihrer Meinung nach Achtung verdient. Auch Ökonomen heben den Zeigefinger und warnen vor Kapitalflucht und einer Schwächung der Wettbewerbsfähigkeit. Auf der anderen Seite treten immer wieder vermögende Einzelpersonen an die Öffentlichkeit und verkünden, mehr Steuern zahlen zu wollen. 2005 wandte sich der Hamburger Reeder Peter Krämer mit einer Gruppe von »Vermögenden«, Schriftstellern und Wirtschaftsexperten an die deutsche Regierung und schlug vor, Vermögen sehr viel höher zu besteuern. 2011 meldete sich Starinvestor Warren Buffet in der *New York Times* zu Wort und forderte die Washingtoner Parlamentarier auf, ihm und seinen megareichen Freunden mehr Steuern abzuverlangen. Über den Steuersatz, den er für angemessen hielt, schwieg er sich allerdings aus, obwohl gerade hier der Hase im moralischen Pfeffer liegt. Denn darüber, welche Abgabenhöhe fair und gerecht sei, gehen die Meinungen weit auseinander.

Das zeigt sich derzeit vor allem in Frankreich. 2017 stufte der neue Staatspräsident Emmanuel Macron die von der sozialistischen Vorgängerregierung erheblich erhöhte Vermögenssteuer zu einer reinen Immobiliensteuer herab und verringerte sie drastisch. Als er ein Jahr später beschloss, die Verbrauchssteuern auf Benzin und Diesel zu erhöhen, löste er einen Sturm der Entrüstung aus, der sich zu einem politischen Flächenbrand ausweitete. Monatelang gingen viele Tausende in gelben Westen samstags auf die Straße und pro-

Protest der Gelbwesten
in Villeneuve-la-Guyard
am 1. Dezember 2018

testierten gegen die als zutiefst ungerecht empfundene Politik. Sie forderten nicht nur die Rücknahme der Treibstoffsteuer, sondern auch die Wiedereinführung der Vermögenssteuer sowie eine höhere Progression.

Steuern werden also als wichtige Seismographen für Fairness und Gerechtigkeit in einer Gesellschaft angesehen. Nach einer Berliner Umfrage von 2004 bewerteten lediglich 38 Prozent der Befragten die eigene Steuerbelastung als gerecht. Eine deutliche Mehrheit, 59 Prozent, fand sie zu hoch. Allerdings stieg die Ablehnung nicht etwa mit der Höhe des Einkommens. Im Gegenteil war sie vor allem unter den Beziehern geringerer Einkommen stark ausgeprägt, während Besserverdienende signifikant weniger Probleme mit dem Ausmaß ihrer Steuerlast hatten. Sie seien sogar bereit, bilanzierte die soziologische Studie, noch höhere Steuern zu zahlen. Das erklärten sich die Verfasser damit, dass diese Gruppen genug Netto-Geld zur Verfügung hätten und ihren Beitrag zudem als eine »moralische« Leistung für die Allgemeinheit begriffen. Nach jener Lesart waren Steuern keine Gebühren, die man für bereitgestellte oder in Anspruch genommene öffentliche Güter entrichtete, sondern eine Investition ins Gemeinwohl.[14]

Das entsprach einer post-materialistischen Grundhaltung, der es nicht primär auf die Maximierung des eigenen Einkommens ankam. Ein gutes Leben zeichnete sich stattdessen durch andere Wertorientierungen aus: durch eine bekömmliche Work-Life-Balance, eine intakte Umwelt, soziale Teilnahme, Achtung und Selbstverwirklichung. Dass solche Werte auf dem Vormarsch waren, hatte der amerikanische Politikwissenschaftler Ronald Inglehart bereits in den 1970er Jahren diagnostiziert. Selbst wenn sich seine Prognose, sie würden in westlichen Gesellschaften bis zum Ende des Jahrhunderts mehrheitsfähig sein, nicht erfüllt hat, konnten und können sie die moralische Kommunikation erheblich beeinflussen.

Aber auch außerhalb dieses Milieus erhält die progressive Einkommensbesteuerung gute Noten. Die überwältigende Mehrheit der deutschen Bevölkerung hält sie für gerecht, 73 Prozent waren es 2012/13 bei einer Befragung des Allensbacher Instituts für Demoskopie. Darüber, wie hoch die Obergrenze sein soll, besteht jedoch keine Einigkeit. Piketty, inzwischen zum Star linker und linksliberaler Politikberatung aufgestiegen, erinnert daran, dass die USA zwischen 1930 und 1980 die höchsten Einkommen mit einem Steuersatz von 81 Prozent belegten, die höchsten Erbschaften mit 74 Prozent. Auch in der Bundesrepublik war der Spitzensteuersatz noch nie so niedrig wie heute. 1946 hatte ihn der Alliierte Kontrollrat auf 95 Prozent angehoben, die Adenauer-Regierung senkte ihn in den 1950er Jahren auf 53 Prozent. Unter der SPD-geführten Regierung Schröder sank er 2004 auf 42 Prozent.

Begründet wurde die deutliche Kappung, ähnlich wie die der Kapitalertragssteuer auf pauschal 25 Prozent, mit zwei Argumenten: Zum einen stehe man in einem globalen Wettlauf um möglichst geringe Steuerbelastungen für Unternehmen und vermögende Privatleute. Zum anderen brauche Deutschland, das noch um 2000 als »kranker Mann Europas« galt, eine Inzentivierung von Leistungswillen und Leistungskraft, die von hohen Steuersätzen erstickt würden.

Ab welchem Steuersatz die Zustimmung bröckelt und Widerstand aufkommt, ist historischen Schwankungen unterworfen. Im 19. Jahrhundert vermutete man den Schwellenwert bei etwa 10 Prozent, in den 1970er Jahren hielten Finanzwissenschaftler 50 Prozent für psychologisch vertretbar.[15] Doch als die Große Koalition 2007 auf Wunsch der

SPD eine »Reichensteuer« von 45 Prozent für Jahreseinkommen ab einer viertel Million Euro einführte, diskreditierte sie ein CSU-Abgeordneter sofort als »Neidsteuer«. Ähnliche Reaktionen gab es 2016 in Österreich, als der Spitzensteuersatz für Einkommensmillionäre auf 55 Prozent erhöht wurde. Er lag damit immerhin zwanzig Prozentpunkte unter dem, den Frankreichs sozialistische Regierung unter François Hollande vier Jahre zuvor festgelegt hatte. Damals rief die Empörung einzelner Großverdiener wie des Schauspielers Gérard Depardieu, der sich polternd ins russische Steuerparadies absetzte, Hohn und Spott hervor. Zugleich monierten viele Kritiker, die Erhöhung habe lediglich symbolischen Wert und baue die Budgetdefizite des Landes nicht ab.

Dass symbolische Politik jedoch bei Gerechtigkeitsfragen eine nicht unwichtige Rolle spielt, bekam Hollandes Nachfolger Macron alsbald zu spüren. Die Bewegung der Gelbwesten zwang ihm deutliche Kurskorrekturen in der Steuerpolitik ab, und er muss sich anstrengen, um sein negatives Image als Präsident der Reichen aufzupolieren. Ob und wie er das meistert, wird auch außerhalb Frankreichs aufmerksam beobachtet. Gerechtigkeitsfragen stehen auf der politischen Tagesordnung wieder ganz weit oben, und fast überall sehen sich Regierungen unter Druck, die steigende soziale und ökonomische Ungleichheit in ihren Ländern zu stoppen oder gar rückgängig zu machen.

Der Steuerpolitik kommt dabei eine Schlüsselrolle zu, symbolisch ebenso wie materiell. Sie ist seit mehr als einem Jahrhundert das wichtigste Instrument, Einkommen umzuverteilen. Dass die besserverdienenden Bevölkerungsschichten den Großteil der Steuerlast tragen, ist sowohl unter Effizienz- als auch unter Moralgesichtspunkten akzeptiert, sinnvoll und fair. Dank der Progression brachten die oberen zehn Prozent der Steuerpflichtigen 2010 fast 55 Prozent des gesamten Einkommenssteuerertrags in Deutschland auf, die untere Hälfte steuerte nur gut fünf Prozent bei.

Spenden und Spender

Steuergesetze können außerdem dazu beitragen, dass Menschen bereit sind, freiwillig Geld abzugeben. Wie und in welchem Maße solche Zahlungen steuerlich berücksichtigt werden, beeinflusst die Spendenbereitschaft der Besserverdienenden. Je nach Steuersystem können sie ihre Spenden direkt von der Steuerschuld abziehen oder ihr zu versteuerndes Einkommen reduzieren und die Progression drücken.

Ob man dies fördern und ermöglichen soll, ist umstritten. Manche verneinen es, weil der Staat damit die privaten Vorlieben und Vorhaben wohlhabender Leute unterstütze, ohne dass darüber transparent und demokratisch entschieden worden sei. Stattdessen solle der Staat selber nach »objektiven« Kriterien über förderungswürdige soziale und kulturelle Projekte beschließen und dafür höhere Steuern erheben. Andere verweisen auf die lange Tradition der Philanthropie. Anstatt alles Vertrauen in den Staat zu setzen, sei es besser, Einzelne zu ermutigen, ihr Geld für die von ihnen präferierten Zwecke auszugeben, sofern das dem Allgemeinwohl und nicht dem persönlichen Gewinnstreben diene.

Das könnten Bürgerinnen und Bürger, so der Einwand, auch ohne staatliche Begünstigungen. Und das tun tatsächlich viele, die ohne Quittung und steuerliche Abzugsfähigkeit spenden. Sie legen Münzen und Scheine in die Klingelbeutel der Kirchen. Sie geben einen Euro oder mehr, wenn sie an Bettlern und Obdachlosen vorbeigehen. Sie unterstützen Straßenmusikanten. Sie überweisen Geld an karitative Einrichtungen und humanitäre Hilfsorganisationen. 40 Prozent der Deutschen gaben an, im Jahr 2009 Geld gespendet zu haben; pro Kopf waren es durchschnittlich 200 Euro. Ältere Menschen spendeten wesentlich mehr als Jüngere, Frauen mehr als Männer, Akademiker mehr als Personen mit niedrigeren Bildungsabschlüssen. Mit steigendem Einkommen nahm der Anteil der Spender zu; das oberste Einkommenszehntel brachte ein Drittel des gesamten Spendenvolumens auf.

Über die persönliche Spendenbereitschaft entscheiden jedoch nicht bloß Bildung und Kontostand. Wer mit seiner Lebenssituation zufrieden ist, greift tiefer in die Tasche als jemand, der es nicht ist. Zufriedenheit und moralisches Engagement aber hängen nicht zwangsläufig von der Lohn- oder Gehaltshöhe ab. Ebenso wie es unter Gutsituierten Geizhälse und Egoisten gibt, finden sich unter Geringverdienern Menschen mit einem ausgeprägten sozialen Verantwortungsbewusstsein. Es äußert sich nicht nur in Geld-, sondern auch in Blut-, Sach- und Zeitspenden.[16]

Insgesamt zeigt der Spendentrend deutlich nach oben. Seit Beginn des neuen Jahrtausends wächst das private Spendenaufkommen in Deutschland jährlich um fast 5 Prozent. Schätzungen zufolge summierte es sich 2017 auf 8,6 Milliarden Euro. Tatsächlich lag es sogar höher, weil längst nicht alle Zuwendungen steuerlich geltend gemacht werden. Im internationalen Vergleich ist das allerdings relativ bescheiden. Länder wie die USA, Kanada, Australien und Neuseeland schneiden weit besser ab, ebenso wie die europäischen Nachbarn Großbritannien, Niederlande und Irland.[17] Das liegt aber auch daran, dass ein Großteil der Spenden dort an religiöse Organisationen fließt. In Deutschland dagegen entrichtet immerhin noch knapp die Hälfte der Bevölkerung gesetzlich festgelegte Kirchensteuern. Würde man sie als freiwillige Spende verbuchen, sähe das internationale Bild anders aus.

Gerade weil Spenden, anders als Steuern, freiwillig sind und Spender keine Gegenleistung erwarten, überrascht der Begriff des Spenden-Marktes, der sich seit einiger Zeit eingebürgert hat. Von einem Markt ist dann die Rede, wenn Anbieter und Nachfrager Waren und Dienstleistungen gegen einen ausgehandelten Preis tauschen. Spenden aber kosten nichts, sie sind ein Geschenk. Weshalb spricht man dann von einem Markt und nutzt die Sprache der Ökonomie, um nichtökonomische Verhältnisse zu beschreiben?

Eine Antwort darauf geben Anthropologen. Sie haben schon früh beobachtet, dass auch Geschenke einer sozioökonomischen Logik folgen und moralisches Kapital bilden. Wer etwas schenkt, erwartet meist irgendeine Art von Gegengabe. Die Form kann wechseln, und zwischen Gabe und Gegengabe mag viel Zeit verstreichen, sodass eine unmittelbare Reziprozität von außen gar nicht mehr erkennbar ist. Aber das soziale Gedächtnis der Gruppe oder Familie hält den Austausch fest und fordert ihn ein, falls er unterbrochen wurde.

Nun ist diese Logik nicht umstandslos auf das Spendenverhalten zu übertragen. Denn oft besteht keine direkte Beziehung zwischen jemandem, der Geld an eine karitative oder kulturelle Organisation überweist, und denjenigen, denen diese Spende zugutekommt. Außerdem erwarten Spender gemeinhin keine Gegengaben. In der Regel erhalten sie einen freundlichen Dankesbrief der Empfängerorganisation. Bei anonymen Spenden entfällt auch das.

Manche Spender und Spenderinnen aber legen großen Wert darauf, dass ihr Name in den nach Summen gestaffelten Spenderlisten auftaucht, möglicherweise sogar in Stein gemeißelt wird. Hier gibt es also doch eine Gegengabe in Form von

Publizität, Anerkennung und Achtung. Und selbst jene, die sich nicht öffentlich ausstellen wollen, bekommen etwas zurück, nämlich das Gefühl, etwas Gutes und Sinnvolles getan zu haben und ihrem moralischen Anspruch zu genügen.

Unmittelbar plausibel ist die ökonomisierende Rede vom Spendenmarkt, wenn es um die Nachfrageseite geht. Hier konkurrieren zahllose Organisationen und Einzelpersonen um die Aufmerksamkeit und das Interesse pozentieller Anbieter. Allein in Deutschland sind über 600 000 als gemeinnützig anerkannte Organisationen auf Spenden angewiesen. Hinzu kommt eine Vielzahl sozialer Initiativen, für die das Gleiche gilt. Sie alle stehen im Wettbewerb um ein knappes Gut. Fundraising-Handbücher mit hohen Auflagen erklären ihnen, wie sie es am besten und klügsten einwerben.

Auf der Geberseite ruft dies Verunsicherung hervor. Abgesehen von der relativ großen Gruppe sogenannter Dauerspender, die sich einer bestimmten Organisation verpflichtet fühlen – das kann der örtliche Sport- oder Gesangverein sein, die Stadtbibliothek, ein Vinzi-Projekt oder ein SOS-Kinderdorf –, finden sich viele im Dickicht der Projekte nur schwer zurecht. Ähnlich wie auf anderen Märkten hat sich deshalb auch hier eine ganze Industrie von Marktbeobachtern und Zertifizierern etabliert, die Spender und Spenderinnen in ihren Entscheidungen unterstützen wollen. In Deutschland vergibt das altehrwürdige Zentralinstitut für soziale Fragen seit 1992 ein Spendensiegel an soziale und karitative Einrichtungen, deren Arbeit sich durch Transparenz und Effizienz auszeichnet. Der Deutsche Spen-

Historisches DZI-Spendensiegel

denrat und die ihm angeschlossenen Verbände verpflichten sich freiwillig, diese Grundsätze zu befolgen. In Österreich ist es die Kammer der Wirtschaftstreuhänder, die gemeinnützigen Organisationen für die korrekte Verwendung von Spendengeldern ein Gütesiegel verleiht.

Diese Zertifizierung erleichtert es Spendern, zwischen verschiedenen Nachfragern auszuwählen und deren Vertrauenswürdigkeit zu beurteilen. Oft folgen sie auch dem Rat und Vorbild bekannter oder befreundeter Personen, die sie auf ein Hilfsprojekt hinweisen. Soziale Medien und Onlineplattformen spielen dabei eine immer größere Rolle, und *crowd funding* erfreut sich gerade unter jüngeren Leuten wachsender Beliebtheit. Ihnen ist die direkte Ansprache besonders wichtig, sie suchen den unmittelbaren Kontakt zu denen, die Hilfe brauchen und um Hilfe bitten. Viele Non-Profit-Organisationen und -Initiativen haben dies erkannt und bieten Spendern persönliche Patenschaften und gezielte Interventionen an. Die Anonymisierung des Spendens und Helfens, wie sie seit Anfang des 20. Jahrhunderts zu beobachten ist, wird hier ein Stück weit rückgängig gemacht. Stattdessen gewinnt die konkrete Hilfe von Mensch zu Mensch, mit all ihren Vor- und Nachteilen, wieder Auftrieb.

Das zeigt sich am stärksten im Bereich des ehrenamtlichen Engagements. Auch hier verzeichnen die Zahlen einen deutlichen Aufwärtstrend, den man interessanterweise aber nicht in der Marktmetapher abbildet. Der Anteil der über 14-Jährigen, die Zeit spenden, hat sich in den letzten zwei Jahrzehnten in Deutschland von 30 auf 40 Prozent erhöht. Die Flüchtlingskrise gab dieser Entwicklung einen massiven Schub: Ende 2015 war jede und jeder Zweite hier aktiv. Viele haben ihr Engagement über den Moment hinaus fortgesetzt und unterstützen die Neuankömmlinge längerfristig dabei, in der Gesellschaft Fuß zu fassen.

Geleitet werden sie von dem, was Adam Smith im 18. Jahrhundert moralische Empfindungen nannte – Verantwortung, Empathie, Mitfühlen mit dem Leid anderer. Solche Empfindungen sind den Menschen auch heute nicht fremd, im Gegenteil. Und anders als Smith annahm, entstehen sie keineswegs ausschließlich oder überwiegend in Nahverhältnissen. Außerdem entwickeln sie sich meist nicht von allein, sondern bedürfen institutioneller und medialer Förderung. In der zweiten Hälfte des 20. Jahrhunderts bildeten sich immer mehr Hilfsvereine und Netzwerke, die die Menschen der »Ersten Welt« für die Notlagen der »Dritten Welt« sensibilisierten. Das, was seit den 1980er Jahren Humanitarismus genannt wird, ist inzwischen zu einer multinationalen Unternehmung geworden. Auf dem global operierenden Spendenmarkt werden Milliarden Dollar umgesetzt, Tendenz steigend. Dabei sind längst nicht alle Notlagen empathiefähig. Welche Bilder und Nachrichten von Hungerkatastrophen, Erdbeben, Bürgerkriegsflüchtlingen und Überschwemmungen das Herz der Spender erreichen, folgt einer politisch gefilterten Aufmerksamkeitsökonomie, die alles andere als objektiv und »gerecht« ist.

Endnoten

1 Rosenmeyer, Wahlrecht und Armenunterstützung im Reich, in: Archiv für öffentliches Recht 24 (1909), Nr. 2, S. 163–189.

2 Christoph Sachße u. Florian Tennstedt, Geschichte der Armenfürsorge in Deutschland, Stuttgart 1980, S. 307–309.

3 Hans Ostwald, Soziale Kolonisation, in: Archiv für Innere Kolonisation 3 (1911), S. 161–174.

4 David Crew, Gewalt »auf dem Amt«. Wohlfahrtsbehörden und ihre Klienten in der Weimarer Republik, in: Thomas Lindenberger u. Alf Lüdtke (Hg.), Physische Gewalt, Frankfurt 1995, S. 213–237; Wilfried Rudloff, Die Wohlfahrtsstadt. Kommunale Ernährungs-, Fürsorge- und Wohnungspolitik am Beispiel Münchens 1910–1933, Göttingen 1998, S. 843 ff.

5 Dagmar Hilpert, Wohlfahrtsstaat der Mittelschichten? Sozialpolitik und gesellschaftlicher Wandel in der Bundesrepublik Deutschland (1949–1975), Göttingen 2012.

6 Helge Jonas Pösche, Gesetz und Moral. Konflikte um das Recht auf Sozialhilfe in der Bundesrepublik und West-Berlin, ca. 1945–1965, Masterarbeit Humboldt-Universität zu Berlin 2018, S. 60 ff. Zum Armuts-Image und der Unterscheidung »würdiger« von »unwürdigen« Armen Christoph Lorke, Armut im geteilten Deutschland. Die Wahrnehmung sozialer Randlagen in der Bundesrepublik und der DDR, Frankfurt 2015.

7 Steffen Mau, The Moral Economy of Welfare States. Britain and Germany Compared, London 2003, S. 188 ff.; https://www.welt.de/politik/deutschland/article184347238/Umfrage-Mehrheit-der-Deutschen-will-Hartz-IV-Sanktionen-beibehalten.html.

8 https://www.sueddeutsche.de/wirtschaft/grundeinkommen-finnland-studie-ergebnisse-1.4322214; https://www.diw.de/de/diw_01.c.100319.de/presse/pressemitteilungen/pressemitteilungen.html?id=diw_01.c.618785.de; Thomas Straubhaar, Radikal gerecht. Wie das bedingungslose Grundeinkommen den Sozialstaat revolutioniert, Hamburg 2017.

9 https://www.welt.de/wirtschaft/article3455661/Stadt-kuerzt-Mann-Sozialhilfe; http://www.spiegel.de/lebenundlernen/job/arbeitslos-in-dortmund-jobcenter-zahlt-bettler-weniger-hartz-iv-geld-a-1179606.html

10 Wolfgang Pucher, Rebell der Nächstenliebe. Aufgezeichnet von Cornelia Krebs, Wien 2009, S. 98 ff., 174 ff., 190 ff.

11 Althammer u. Gerstenmayer, Zitat S. 306.

12 Johannes von Miquels Reden, hg. v. Walther Schultze u. Friedrich Thimme, Bd. 3, Halle 1913, Zitate S. 305, 315, 341, 363, 384; Stenographische Berichte über die Verhandlungen des Preußischen Hauses der Abgeordneten 1890/91, Anlagen, Bd. 2, Berlin 1891, S. 1251–1288, Zitate S. 1266 ff., 1270 f.

13 DIE ZEIT v. 28.2.2019, S. 19–21.

14 Stefan Liebig u. Steffen Mau, Wann ist ein Steuersystem gerecht? In: Zeitschrift für Soziologie 34 (2005), S. 468–491; Institut für Demoskopie Allensbach, Was ist gerecht? Gerechtigkeitsbegriff und -wahrnehmung der Bürger, Allensbach 2013.

15 Zur »Steuermoral« Günter Schmölders, Einführung in die Geld- und
    Finanzpsychologie, Darmstadt 1975, S. 102–134, v. a. 106.
16 Eckhard Priller u. Jürgen Schupp, Soziale und ökonomische Merkmale
    von Geld- und Blutspendern in Deutschland, in: DIW Wochenbericht
    Nr. 29/2011, S. 3–10.
17 https://www.betterplace-lab.org/de/analyse-des-deutschen-
    spendenmarkts/; https://www.spendenrat.de/wp-content/
    upload/2016/11/Trends_und_Prognosen_2016.pdf

IV Vermarktlichung

Ob der Begriff des Spendenmarktes die Beziehungen zwischen Spendern und humanitären, karitativen und kulturellen Organisationen treffend beschreibt, ist letztlich zweitrangig. Wichtiger und aufschlussreich ist vielmehr die Tatsache, dass er sowohl in der wissenschaftlichen Literatur als auch unter den Aktivisten vollkommen selbstverständlich geworden ist. Das zeigt, wie stark Sprache, Konzepte und Denkweisen der Ökonomie mittlerweile in soziale Beziehungen und deren Analyse eingewandert sind.

Schon Marx und Engels haben das beobachtet und prognostiziert. Einen weiteren kapitalismuskritischen Akzent setzte in den 1940er Jahren der österreichisch-ungarische Emigrant Karl Polanyi. Als er in den USA, unterstützt von der Rockefeller-Stiftung, an seinem Buch *The Great Transformation* arbeitete, fielen ihm vor allem zwei historische Prozesse auf: zum einen das, was er Entbettung nannte. Darunter verstand er, unter Rückgriff auf antike und »primitive« Gesellschaften, dass sich wirtschaftliche Vorgänge zunehmend aus ihren komplexen sozialmoralischen Bezügen lösten und verselbstständigten. Diese Entwicklung habe sich infolge der Industriellen Revolution im Europa des späten 18. und 19. Jahrhunderts erheblich beschleunigt. Zum anderen dehne sich der unabhängig gewordene, entbettete Markt immer weiter aus. Er zwinge seine Gesetze auch solchen Institutionen auf, die vormals außerhalb der ökonomischen Sphäre standen: der Familie, der Politik, der Wissenschaft, sogar der Religion. Damit übernehme er eine Integrationsfunktion, die in früheren Gesellschaften, wenn überhaupt, vom religiös-magischen System ausgeübt worden sei.[1]

Tatsächlich hören sich manche ökonomische Prinzipien und angebliche »Gesetzmäßigkeiten« wie unwandelbare und unanfechtbare Glaubenssätze an. Wer sie kritisiert, spricht spöttisch von einer Marktreligion. Selbst das Heilsversprechen, das Religionen für sich gepachtet haben, ist der ökonomischen Lehre vom freien Markt nicht fremd. Schon Polanyi mokierte sich über die Protagonisten einer utilitaristisch legitimierten Marktwirtschaft, die der »stoischen Entschlossenheit, die menschliche Solidarität im Namen des größten Glücks für die größte Zahl aufzugeben«, den »Rang einer weltlichen Religion« verliehen.

Der Autor dachte dabei vor allem an die frühe klassische Ökonomie von Bentham und Mill. Er hätte sich aber auch auf seine Zeitgenossen und Landsleute Ludwig von Mises und Friedrich August von Hayek berufen können. Für die damals bereits in den USA und Großbritannien lebenden und lehrenden Vertreter der Österreichischen Schule der Nationalökonomie war der Markt der einzige Mechanismus, der Freiheit und Effizienz gleichermaßen verbürgte. Wer ihn aushebelte, befand sich auf dem »Weg in die Knechtschaft«, wie Hayek sein breit rezipiertes Buch 1944 betitelte.

Im Gegensatz dazu sah Polanyi in der Marktwirtschaft wenig Freiheit und viel Knechtschaft. »Gefühllos« stürze sie zahllose Menschen ins Elend und lasse andere unfassbar reich werden. Außerdem tendiere sie dazu, sich alle Lebensbereiche zu unterwerfen und sie zu ihrem »Anhängsel« zu machen: »Die Wirtschaft ist nicht mehr in die sozialen Beziehungen eingebettet, sondern die sozialen Beziehungen sind in das Wirtschaftssystem eingebettet.«[2] Heute nennt man das Kommodifizierung oder, sperriger, Vermarktlichung.

Heiratsmärkte und Partnerbörsen

Was aber hat Vermarktlichung mit Kapitalismus zu tun? Schließlich gab es Märkte auch schon vor der Ausbreitung kapitalintensiven Wirtschaftens, und beileibe nicht nur für Waren und Dienstleistungen des täglichen Bedarfs. Auf den traditionellen Jahrmärkten wechselten Vieh, Acker- und Haushaltsgerät die Besitzer. Aber hier bahnten sich auch Liebes- und Ehehändel an. Man sprach ganz offen von Jahrmärkten als Heiratsmärkten; mancherorts hat sich diese Bezeichnung bis heute erhalten.

Auf diesen Märkten ging es nicht um Romantik, klopfende Herzen und Liebe auf den ersten Blick. Sicher spielten auch Sympathie und Wohlgefallen eine Rolle, wenn Ehen vermittelt wurden. Viel wichtiger aber war, dass der Preis stimmte. Soziale Endogamie wurde großgeschrieben; dass der reiche Bauernsohn die arme Magd heiratete, geschah nur im Märchen. Mist kommt zu Mist: Nach diesem Motto fand zusammen, was zueinander passte. Wirtschaftliche Erwägungen standen dort ganz oben, wo die Mitgift der Braut für die Unterhaltung oder Erweiterung des landwirtschaftlichen, gewerblichen oder Handelsbetriebs gebraucht wurde. Aber selbst wenn kein monetäres Erbe winkte, achtete man auf die sozioökonomische Passform. Junge Burschen sollten sich bei der Wahl ihrer Gattin nicht von einem hübschen Gesicht anlocken lassen. Wichtiger war, dass die Erwählte fleißig und sparsam wirtschaftete und das Geld zusammenhielt, statt es zu verschwenden.

Das war das Einmaleins professioneller Heiratsvermittler.

Linzer Tages-Post,
13. September 1871

Sie gab es bereits in der Frühen Neuzeit und vor allem dort,
wo religiöse Zugehörigkeit den Ehechancen enge Grenzen
zog. Kleine jüdische Gemeinden etwa boten Heiratswilligen
wenig Auswahl. In dieser Situation traten überregional be-
wanderte Vermittler auf den Plan. Im 19. Jahrhundert wurde
Ehevermittlung dann zu einem allgemeinen und lukrativen
Geschäftsfeld, besonders in den rasch wachsenden Groß-
städten. Hier, wo Menschen »einander nur flüchtig begeg-
nen, öftere Begegnungen gar nicht möglich sind«, florierte
der private Anzeigenmarkt. Zeitungen druckten Heirats-
und »Buhl-Gesuche«, etwa drei Viertel stammten von Männern. Pekuniäres wurde offen adressiert: »Der Mann«, rech-
nete ein Statistiker 1874 aus, »bietet im Durchschnitt 34 959
Taler und fordert 15 963 Taler; die Frau bietet durchschnittlich 16 383 und fordert fast gar nichts.«[3]

Liebe und Ehe waren also schon in früheren Zeiten nicht
allein Herzensangelegenheiten. Daran hat sich bis heute
wenig geändert. Obwohl die Partnerwahl mehr als je zuvor
eine freie, von familiären Rücksichten weitgehend unabhän-
gige Entscheidung der Wählenden geworden ist, sind endo-
game Präferenzen und Muster ausgesprochen zählebig, und
zwar in allen sozialen Schichten, Ethnien und Konfessionen.
Dieser Trend wird durch die Digitalisierung eher verstärkt

Gustav Kühn, Moderne Heirath,
undatiert, Mitte 19. Jahrhundert

als abgeschwächt. Der internetbasierte Heiratsmarkt, auf
dem sich viele kommerzielle Dating-Agenturen tummeln,
ist stark segregiert. Das mag in Indien besonders ausgeprägt
sein, lässt sich aber auch hierzulande beobachten.[4] Elite will
zu Elite, Akademikerinnen interessieren sich für Akademiker, jüdische Frauen wollen jüdische Männer kennenlernen,
Christ sucht Christin und Muslim Muslima: Die Zahl spezi-
fizierter *Dating Apps* und Partnerbörsen wächst ebenso rasant wie die ihrer diversen Nutzer.

Apropos »Partnerbörse«, das Wort spricht Bände. Es hat
den altbacken-volkstümlichen Begriff des Heiratsmarktes
abgelöst. Zugleich drückt es den Zusammenhang von Liebe
und Ökonomie noch sinnfälliger aus. Liebe und Liebesver-
langen werden wie an einer Börse gehandelt, nach den eher-
nen Marktgesetzen von Angebot und Nachfrage. Neben kulturellen Vorlieben und Bildungsstatus erfragen die Kunden
von vornherein auch die finanzielle Leistungskraft des
potenziellen Partners. Dating-Agenturen sind zudem, wie
schon die früheren Vermittlungsinstitute, Wirtschaftsunter-

nehmen. Als »Börsenmakler« mit koordinierenden und kontrollierenden Aufgaben verlangen sie Mitgliedsbeiträge oder Erfolgshonorare. Zuweilen nutzen sie die gesammelten Datenschätze mehr oder minder offen auch für andere kommerzielle Zwecke. Die Branche verzeichnet hohe und wachsende Umsätze, das Geschäft boomt.

Kapitalistisch ist das Geschäft mit der Liebe insofern, als es sich einem Wirtschafts- und Gesellschaftsmodell einfügt, in dem wettbewerbsorientierte Märkte von zentraler Bedeutung sind und Kapital nach immer neuen, profitablen Anlagemöglichkeiten sucht. Zum neuen Geist des Kapitalismus gehört, dass alle Beteiligten den Eindruck haben, sie zögen persönlichen Gewinn daraus, seien kreativ, aktiv und selbstbestimmt. Doch Märkte übernehmen auch normierende Funktionen. Sie prägen und verändern die Art und Weise, wie sich Menschen zueinander verhalten und »vermarkten«. Wer im Internet auf Partnersuche geht, muss bestimmte Regeln der Selbstanpreisung befolgen, die soziale Konventionen bedienen und Geschlechterstereotype spiegeln. Zwar stellt sich jeder und jede als einzigartig dar. Dennoch ergeben die vielen Singularitäten ein überindividuelles Muster. Was an der Partnerbörse zählt und Höchstpreise erzielt, ist in hohem Maße vorhersagbar und standardisiert. Schwarm-Attraktivität wiegt erkennbar mehr als Individualität, allen noch so raffinierten Inszenierungen zum Trotz.

Unmoralische Märkte: Prostitution

Was unterscheidet diese Form der Partnersuche von Prostitution, für die es ebenfalls einen etablierten und hochdifferenzierten Markt gibt? Was lässt den einen Markt als seriös/moralisch erscheinen und den anderen als unseriös/unmoralisch?

Prostitution, heißt es oft, sei das älteste Gewerbe der Welt. Sie ist jedenfalls älter als der Kapitalismus. Aber erst im 19. Jahrhundert, im Gefolge von Industrialisierung, Urbanisierung und Massenarmut, wurde sie zum öffentlich wahrgenommenen und breit diskutierten Problem. Karl Marx hielt die sexuelle Prostitution 1844 für eine Sonderform der allgemeinen, für den Kapitalismus typischen Preisgabe. So wie der Arbeiter seine Arbeitskraft verkaufen müsse, um leben zu können, hätten mittellose Frauen keine andere Wahl, als ihren Körper feilzubieten. Diesem ökonomischen Zwang sahen sich anscheinend immer mehr Frauen ausgesetzt. Junge Arbeiterinnen, Dienstmädchen und Kellnerinnen ergänzten ihren kargen Lohn durch Gelegenheitsprostitution; manche hofften insgeheim, unter den Freiern möge sich der künftige Ehemann befinden. Auch bei den sprichwörtlichen »süßen Mädeln«, die der Wiener Arzt und Autor Arthur Schnitzler seit den 1880er Jahren in Tagebüchern und Theaterstücken verewigte, verschwamm die Grenze zwischen gekaufter und geschenkter Liebe.

Deutlicher war sie bei und für jene Frauen gezogen, die der Prostitution hauptberuflich nachgingen. Gegen das Versprechen von Schutz und Zuneigung kassierten Zuhälter ihren Anteil. Die Beziehung zwischen der Prostituierten und ihrem Strizzi war kompliziert, oszillierte zwischen Zwang und persönlicher Nähe. Ungleich gewaltsamer ging es dort zu, wo Frauen in Bordelle verschleppt und regelrecht versklavt wurden. Schon um 1900 machten Frauenverbände Front gegen den grassierenden Mädchenhandel und warnten junge Auswanderinnen davor, auf die Versprechungen krimineller Lockvögel hereinzufallen. Bereits 1887 hatte das Wiener Außenministerium Maßnahmen ergriffen, den Handel mit österreichischen und ungarischen Mädchen nach Südamerika zu unterbinden. Viele Regierungen folgten dem

Warnung vor Mädchenhandel,
Anfang 20. Jahrhundert

Beispiel und erließen entsprechende Gesetze, um dem aus ihrer Sicht unmoralischen Treiben Einhalt zu gebieten.[5]

Dass die sogenannte Sittlichkeitsbewegung seit dem ausgehenden 19. Jahrhundert Konjunktur hatte und sich dem Kampf gegen Prostitution verschrieb, lässt sich nicht schlüssig damit erklären, dass Prostitution damals tatsächlich auf dem Vormarsch war. Da sie nicht statistisch erfasst wurde, gab es dafür keine empirischen Belege. Wichtiger war das, was man als Wahrnehmungsverschiebung deuten kann. Mit dem rasanten Städtewachstum, das hauptsächlich auf das Konto zuziehender Arbeitsuchender vom Lande ging, verstärkte sich das Gefühl von Unordnung und Chaos. Aus bürgerlicher Sicht kamen der Welt traditionelle Lebensformen und Mo-

Karikatur aus dem Zürcher *Nebelspalter*, 1900

ralvorstellungen zunehmend abhanden, sodass ein gefähr-
liches Vakuum an sozialen Normen und zustimmungsfähi-
gen Praktiken entstand. Manche Menschen reagierten darauf mit bloßer Abwehr und konservativer Nostalgie, andere
gründeten Reformvereine. Bürgerliche Frauen fanden hier
ein Betätigungsfeld jenseits von Familie und Haushalt.[6]

Sie fühlten sich von Prostitution auch besonders heraus-
gefordert. Aufgewachsen in einem sozialmoralischen Milieu,
das Sexualität für Eheleute reservierte und mit emotionaler
Hingabe und Reproduktion verband, war ihnen die käufliche
Liebe ein doppelter Dorn im Auge. Zum einen nahmen sie Anstoß an den Frauen, die ihren Körper zu Markte trugen; ihnen
begegneten sie mit einer Mischung aus Mitleid und Verach-

tung. Zum anderen waren sie irritiert über die männlichen Käufer, die die Konvention bürgerlicher Wohlanständigkeit verletzten und zu denen möglicherweise auch die eigenen Ehemänner, Väter und Söhne gehörten.

Anstatt jedoch die »Freier« unter Druck zu setzen – das blieb dem »schwedischen Modell« späterer Zeiten vorbehalten –, nahmen sie die »liederlichen Weibsbilder« aufs moralische Korn. Wer den eigenen Körper verkaufe und daran, so der Verdacht, auch noch Gefallen finde, handle nicht nur wider die allgemeine Sittlichkeit, sondern beschädige zudem seine persönliche Würde. Das Gegenargument ließ nicht auf sich warten: Auch bürgerliche Frauen verkauften ihren Körper an den Ehemann, der dafür mit lebenslangem Unterhalt bezahle. Schließlich habe schon Immanuel Kant, der ewige Junggeselle, die Ehe als »Verbindung zweier Personen verschiedenen Geschlechts zum lebenswierigen wechselseitigen Besitz ihrer Geschlechtseigenschaften«, sprich Zeugungsorgane, beschrieben.[7] Die Liebe bilde nur eine edle Deckerzählung für das, worum es eigentlich gehe, nämlich sexuelles Begehren und die Produktion von Nachkommen.

Solche Auseinandersetzungen prägen die gesellschaftliche Bewertung von Prostitution bis heute. Das Entwürdigungsargument bemühte auch der neue Feminismus der 1970er und 1980er Jahre. Zugleich hat die sexuelle Revolution jener Zeit den Umgang mit Sexualität liberalisiert und den Prostitutionsmarkt entmoralisiert. Dazu trugen nicht zuletzt die Prostituierten selber bei, wenn sie ihre Tätigkeit selbstbewusst als freiwillige »Sexarbeit« deklarierten. Sie wollten weder Mitgefühl noch Stigmatisierung, sondern die Anerkennung als ordentliches Gewerbe mit Sozialversicherungspflicht. In der Bundesrepublik folgte ihnen der Gesetzgeber 2002 und erklärte Prostitution zu einem normalen Beruf.

Das geschah zu einer Zeit, als sich im Gefolge der Grenzöffnungen in Europa ein neuer Menschenhandel ausbreitete. Zehntausende – manche schätzen Hunderttausende – junger Frauen und Mädchen aus osteuropäischen Ländern wurden von kriminellen Banden in den reichen Westen gelockt und zur Prostitution gezwungen. Von Lust und Freiwilligkeit konnte dabei keine Rede sein, im Gegenteil sprechen Beobachter von Sklaverei, Gewalt und absoluter Rechtlosigkeit. Hier zeigt der »Fleischmarkt« sein brutalstes, an die Militärbordelle des Zweiten Weltkriegs erinnerndes Gesicht. Angesichts der krassen, unverhüllten Macht- und Ausbeutungsverhältnisse ist Menschenwürde ein Fremdwort. Die trotzig-stolze Behauptung mancher einheimischer Sex-Arbeiterinnen, ihre Tätigkeit sei selbstbestimmt und kratze nicht an ihrer Würde, erscheint für diese Frauen jedenfalls als wenig glaubwürdig und überzeugend.

Feministinnen, die den »Mythos der Freiwilligkeit« kritisieren und Prostitution generell als entwürdigende Praxis betrachten, ziehen sich häufig den Vorwurf zu, sie seien sexuell verklemmte Moralapostel und Sittenwächter. Was dabei gern übersehen wird, sind die ungleichen Machtstrukturen zwischen den Geschlechtern, die Frauen dazu bringen, ihren Körper an männliche Freier zu verkaufen. Der umgekehrte Fall taucht selten auf, männliche Sexarbeiter kennt man meist nur im Homosexuellenmilieu. Das hat weniger mit einer Verschiedenheit des männlichen und weiblichen Begehrens zu tun als damit, dass Frauen mehr soziale und wirtschaftliche Gründe haben, die Wünsche von Männern zu erfüllen. Das tun zwar auch Sekretärinnen, Krankenschwestern oder Verkäuferinnen, wenn sie einem in der Regel männlichen Chef zuarbeiten. Doch geben sie in diesem Arbeitsverhältnis nicht ihren Körper und dessen intimste Sphäre preis.

Hier setzt die grundsätzliche Kritik am Prostitutionsmarkt an. Sie zielt zum einen auf die asymmetrische Machtverteilung zwischen Anbietern und Nachfragern, die aus der sozialen Geschlechterposition resultiert. Diese oft von Gewalt begleitete und gerahmte Asymmetrie verbiete es, von einem freien Markt zu sprechen. Zum anderen wirft sie die Frage auf, ob es nicht doch moralische Grenzen der Vermarktung geben solle. Ebenso wie es keinem Menschen erlaubt sei, sich selber – oder andere – in die Sklaverei zu verkaufen, verletze auch die zeitlich befristete Überlassung des eigenen Körpers die Würde des Menschen. Dem liegt Kants Würdebegriff zugrunde, wonach die Würde keinen Preis und kein Äquivalent habe. Sie bestehe schlicht und einfach darin, dass der Mensch seinesgleichen nie ausschließlich als Mittel, sondern stets auch als Zweck behandeln dürfe. Der Prostitutionsmarkt verletze dieses Prinzip, weil der weibliche Körper hier nur das Mittel sei, um das sexuelle Begehren des männlichen Käufers zu befriedigen.[8]

Samen- und andere Banken

Ähnlich argumentieren Kritiker des Handels mit Körperflüssigkeiten wie Samen und Blut. Seit dem Aufschwung der Reproduktionsmedizin ist ein globaler Markt für männliche Samenzellen entstanden. Überall gibt es kommerziell betriebene Samenbanken, in denen der gekaufte Samen aufbewahrt wird und auf zahlungskräftige Kundinnen wartet. Obwohl von »Samenspende« die Rede ist, geht es um einen ökonomischen Tausch. Männer werden für ihr Produkt gut bezahlt, wobei der Preis variiert. Wer gesund und attraktiv ist und einen hohen Bildungsabschluss mitbringt, bekommt mit Blick auf die größere Nachfrage nach solch hochwertiger Handelsware mehr als andere, die diese Qualitäten vermissen lassen.

Auffällig lehnen sich auch hier wieder die Begriffe an die Sprache der Ökonomie an. Einerseits spricht man von Spendern, andererseits landet das, was sie spenden, in einer Bank. Die Bank handelt damit wie mit einem Wertpapier und versucht, den höchstmöglichen Preis zu erzielen. Die Samenzellen sind eine Ware wie jede andere. Gleiches gilt für kommerzielle Blutbanken, wie sie in manchen Teilen der Welt verbreitet sind. Gerade in armen Ländern ist die »Blutspende« für viele Menschen ein willkommenes Mittel, die Subsistenz zu sichern. Dass Blut, wie der britische Sozialwissenschaftler Richard Titmuss 1970 argumentierte, nur in Form eines *gift relationship*, nämlich als altruistische Gabe und Geschenk, weitergegeben werden sollte, war eine moralische Forderung, der die realen Lebensbedingungen wenig Raum ließen. Dem Appell der Weltgesundheitsorganisation von 1997, nur freiwillige und unbezahlte Blutspenden zuzulassen, hatte sich zehn Jahre später nicht einmal die Hälfte der Staaten angeschlossen.[9]

Auch für Organspenden dürfe es, so meinen viele, keine monetären Anreize geben. Doch selbst dort, wo solche Anreize illegal sind, hat sich stellenweise ein veritabler Markt für menschliche Organe entwickelt, nicht ohne Zutun krimineller Kreise. Dass einige US-Staaten Organspendern und deren Familien Steuererleichterungen oder finanzielle Hilfen anbieten, um die dramatische Lücke zwischen Angebot und Nachfrage zu schließen, stößt bei jenen auf Kritik, die darin eine Verletzung menschlicher Würde und einen Verstoß gegen die Werte der amerikanischen Gesellschaft erkennen.

Märkte, zeigen diese Beispiele, stehen unter moralischem Vorbehalt und operieren im Geltungsbereich moralischer Prinzipien. Nicht jede Ware und Dienstleistung wird als marktfähig erachtet. Immer wieder haben moderne Gesellschaften mit Verboten reagiert, wenn Markttransaktionen ihren Wertorientierungen zuwiderliefen. Ob Drogen oder Alkohol, wie in der amerikanischen Prohibitionszeit, ob Eizellen oder national wertvolle Kulturgüter, deren Ausfuhr nicht nur in Deutschland staatlich unterbunden werden kann: Staat und Gesetzgeber reklamieren ihr Recht, bestimmte Güter vom Markt zu nehmen. Dass sich für solcherart »toxisches« Material dann häufig neue, inoffizielle und illegale Märkte mit unschönen Nebenerscheinungen bilden, nehmen sie in Kauf.[10] Die Bekräftigung normativer Postulate wiegt schwerer.

Marktliberale Ökonomen tun sich mit solchen Verboten schwer. Zwar stellen die wenigsten das Recht des Staates infrage, als bedrohlich erachtete Tauschbeziehungen zu regulieren. Sie möchten dabei den Markt jedoch nicht außer Kraft setzen. Da er für wechselseitigen Nutzen und optimale Effizienz stehe, könne er die sozial oder politisch gewünschten Effekte ungleich besser hervorbringen. Der Staat müsse lediglich die Rahmenbedingungen entsprechend gestalten und toxische Produkte durch hohe Steuern drastisch verteuern.

Monetarisierung der Moral

Demgegenüber betonen mehrere zeitgenössische Politikwissenschaftlerinnen und Philosophen den Eigenwert moralischer Prinzipien. Debra Satz und Michael Sandel sind heute wahrscheinlich die bekanntesten Autoren, die für »moralische Grenzen des Marktes« plädieren. Nicht alles dürfe zum Verkauf stehen, nicht jedes Gut zur Handelsware werden. Sandel, der schon mit seinen Vorträgen über Gerechtigkeit international Furore machte, legte 2012 in *Was man für Geld nicht kaufen kann* eindrücklich dar, welche Folgen die ungehinderte Ausdehnung des Marktes in alle menschlichen Lebensbereiche zeitigt. Wer Bildung, Gesundheit und öffentliche Sicherheit in die Hände privater Anbieter verlagere, Leihmütter für das Austragen von Kindern bezahle und umweltschädliche Emissionen auf einem Markt handele, gefährde grundlegende gesellschaftliche Werte.

Zum einen wachse die soziale Ungleichheit: Je mehr für Geld zu haben sei, desto entscheidender werde Reichtum beziehungsweise dessen Abwesenheit für die individuelle Lebensführung und das gesellschaftliche Ganze. Zum anderen korrumpiere die Kommodifizierung das, was Sandel die guten Dinge des Lebens nennt. Dazu zählt er Bildung und Neugier ebenso wie staatsbürgerliches Engagement und zwischenmenschliche Liebe. Wenn diese Güter zur Ware und gewinnorientiert vermarktet würden, nähmen sie Schaden und verlören moralisch an Wert. Damit veränderten sich, so Satz, »unsere Beziehungen zu anderen« und die Gesellschaft insgesamt.[11]

Beispiele dafür gibt es zuhauf. 1928 verhängte die kanadische Regierung ein Verbot der Walrossjagd. Die großen, tollpatschigen Tiere waren damals fast schon ausgerottet, weil sie leicht zu fangen und ihre Elfenbeinzähne heiß begehrt waren. Dem wollte Kanada einen Riegel vorschieben. Aber es ließ eine Ausnahme zu: Es erlaubte den Inuit, deren Lebensweise und Kultur auf das Walross ausgerichtet waren, eine bestimmte Anzahl jährlich zu fangen. In den 1990er Jahren nun traten Vertreter dieser Bevölkerungsgruppe an die Regierung heran und baten darum, dieses Recht gegen Geld an andere abtreten zu dürfen. Wenn sie es an amerikanische Großwildjäger verkauften und zugleich zur Bedingung machten, dass sie nicht nur deren Jagdausflüge professionell organisierten und begleiteten, sondern auch die Haut und das Fleisch der Tiere nutzen konnten, seien letztlich alle besser dran. Die amerikanischen Jäger hätten ihren Spaß, die

Inuit ein zusätzliches Einkommen. Und die Walrosse scherte es nicht, denn die Anzahl getöteter Tiere bliebe ja gleich. Ottawa akzeptierte das Argument und erlaubte den Inuit, ihre Fangquoten zu veräußern.

Was ist daran problematisch? Wer könnte etwas gegen eine Abmachung haben, die allen Beteiligten nützt und niemandem schadet? Unter utilitaristischen und Effizienzkriterien, so Sandel, sei sie in der Tat perfekt. Auf der Strecke bleibe hingegen die Moral, die das Jagdverbot ursprünglich motiviert habe. Der Schutz einer vom Aussterben bedrohten Spezies war dem kanadischen Staat und seiner Bevölkerung im frühen 20. Jahrhundert ein wichtiges Anliegen. Allerdings musste es gegen die als ebenso legitim geltenden Subsistenzinteressen der indigenen Minderheit abgewogen werden, deshalb die Quote.

Transfer und Verkauf dieses Ausnahmerechts sprengten nun aber den moralischen Kompromiss, denn sie erlaubten das Abschlachten der großen Tiere einer Gruppe von Menschen, die einer anderen Moral und anderen Interessen folgten. Ihnen ging es weder um den Schutz der Tiere noch um Subsistenz. Nicht einmal klassische Rechtfertigungen

Cover und Titelblatt von Erzählungen Theodore Roosevelts

wie das Ziel, eine bestimmte Biosphäre im Gleichgewicht zu halten, spielten eine Rolle. Auch wissenschaftliche Neugier, Ehre oder Heroismus, wie sie bei früheren Großwildjägern à la Theodore Roosevelt zu finden waren, lagen ihnen fern. Der ehemalige amerikanische Präsident hatte sich 1909 auf eine lange Safari nach Afrika begeben, offiziell im Auftrag großer Museen, die die erlegten und ausgestopften Tiere zu Bildungszwecken ausstellen wollten. Inoffiziell aber suchte Roosevelt nach einer männlichen Bewährungsprobe, Aug in Aug mit der Bestie. Hundert Jahre später waren die amerikanischen Walross-Jäger schlicht und gänzlich unheldisch darauf aus, eine Abschussliste abzuarbeiten. Denn wer zum elitären Club der *big game hunters* gehören wollte, musste eine bestimmte Zahl von Löwen, Tigern oder eben Walrössern erlegt haben.

Dieses vollkommen selbstsüchtige Interesse widerspricht der gemeinnützigen Moral des Jagdverbots. Der Schutz einer bedrohten Spezies wird den sozialen Ambitionen einer kleinen, finanzkräftigen Gruppe geopfert. Auch der Charakter und die Bedeutung des Tötens verändern sich. Wenn die Inuit ein Walross erlegen und damit ihre jahrtausendealte Kultur und Lebensweise bewahren, ist das etwas anderes, als wenn ein wohlhabender Großwildjäger sich damit die Mitgliedschaft in einem exklusiven Männerclub sichert.

Wie die Monetarisierung und Ökonomisierung eines bestimmten Handelns Werte aushöhlen und korrumpieren können, verdeutlichen verhaltensökonomische Experimente. Berühmt geworden ist das Beispiel eines Kindergartens im israelischen Haifa. Die Kindergärtner ärgerten sich darüber, dass manche Eltern ihre Sprösslinge nicht rechtzeitig abholten und sie daher gezwungen waren, länger zu arbeiten. Sie kamen auf die Idee, den Säumigen eine Gebühr abzuverlangen. Was war die Folge? Die Eltern wurden fortan nicht etwa pünktlicher, um Strafzahlungen zu vermeiden, im Gegenteil. Immer mehr kamen später und entrichteten die Gebühr. Dass sie die Extra-Zeit bezahlten, entlastete ihr Gewissen und lud zur Nachahmung ein. Die moralische Erwartung, auf die Interessen der Kindergärtner (und vielleicht auch auf die der Kinder) Rücksicht zu nehmen, wurde mit Geld abgelöst.

Staatsbürgerliche Pflichten: Freikauf vom Militärdienst?

Ein frühes Exempel, wie soziale Werte durch ihre Kommodifizierung untergraben werden, findet sich in der Geschichte des Militärs. Als die kontinentaleuropäischen Staaten im 19. Jahrhundert nationale Wehrpflichtarmeen aufbauten, stieß das bei ihren Bürgern nicht unbedingt auf Gegenliebe. Viele bevorzugten das alte Söldnersystem und lehnten die neue Politik ab, alle Männer zu den Fahnen zu rufen und für den Krieg auszubilden. Um dem Volk die Neuerung schmackhaft zu machen, griffen Regierungen auf den republikanischen Tugendkanon zurück. Wer als Staatsbürger Rechte und Freiheiten genieße, der wolle und müsse selber zum Wohl des Staates beitragen. Dazu gehöre auch, das Vaterland gegen seine Feinde zu verteidigen, mit der Waffe in der Hand.

Als die Begeisterung für das inklusive Rekrutierungssystem trotzdem ausblieb und sich »Widersetzlichkeiten« häuften, hatten Regierungen die Wahl, es entweder mit polizeilichem Zwang durchzusetzen oder nach einem Kompromiss zu suchen. Frankreich, seit 1789 die Wiege von Freiheit und Gleichheit (und Brüderlichkeit), wies auch hier den Weg: Es erlaubte die Stellvertretung, das *remplacement*. Dabei blieb die Freiheit gewahrt, und die Gleichheit hatte das Nachsehen. Betuchten Bürgern stand es frei, sich von der ungeliebten Dienstpflicht loszukaufen. Mit ihrem Geld wurde ein anderer Mann bezahlt, der sich freiwillig als Einsteher meldete – obwohl er ursprünglich eine »gute« Losnummer gezogen hatte und deshalb eigentlich nicht zum Militär musste.

Aus der Sicht der Beteiligten war das ein perfektes, für alle nützliches Geschäft. So würden es heute auch marktliberale Ökonomen sehen. Der wohlhabende Bürgersohn zahlte. Statt auf dem Kasernenhof zu exerzieren, studierte er an der Universität oder lernte im väterlichen Kontor. Das kam mittel- und langfristig dem Staat wieder zugute. Dem armen Tagelöhnersohn wurde der Militärdienst mit einer finanziellen Prämie schmackhaft gemacht, die ihm anschließend das Startkapital für eine zivile Existenz sicherte. Der Rekrutierungsmarkt sorgte also dafür, dass der richtige Mann an die richtige Stelle kam. Wer konnte dagegen Einspruch erheben?

Einsprüche aber gab es, und nicht zu wenige. Sie kamen vor allem aus Preußen, das die allgemeine Militärpflicht seit 1814 am strengsten handhabte. Obwohl sich auch hier Widerstand regte, hielt die Berliner Regierung eisern an ihrem Grundsatz fest, die Gleichheit vor dem Gesetz über die Freiheit des einzelnen Bürgers zu stellen. Die Aushebungskommissionen wurden angewiesen, keinesfalls »den Reichern vor dem Aermern und den Höhern vor dem Niederigern zu begünstigen«. Wer zu den Fahnen musste, entschied ein Losverfahren, das als »unparteiisch« galt und »vom Volk als Gottesgericht angesehen« wurde. Ihm in den Arm zu fallen und dann, wenn man ein »schlechtes« Los gezogen hatte, einen Stellvertreter zu finanzieren, war aus Sicht des Staates unehrenhaft und unpatriotisch.

Allmählich machten sich auch die Bürger die Auffassung zu eigen, dass die Militärpflicht für alle Männer, unabhängig von Einkommen und Bildungsstand, ihr Gutes habe. Als der

24jährige Rudolph Delbrück Anfang der 1840er Jahre seinen Dienst absolvierte, tat er es ohne große Begeisterung. Eigentlich hätte er sich lieber freigekauft, wie es in Frankreich oder Österreich möglich war. Immerhin hatte er bereits ein Jurastudium und zwei Referendarjahre hinter sich, wusste also, »was die Zeit wert ist«. Sie auf dem Exerzier- und Schießplatz zu verbringen, erschien ihm als »reiner Verlust für mein Leben«. Aber er beugte sich »der abstrakten Gleichheit vor dem Gesetz«, die er als Rechtfertigung der unangenehmen Pflicht akzeptierte. Wenn der militärische Schutz des Vaterlandes, wie es die preußischen Reformer gewollt hatten, eine Sache des ganzen Volkes sei, dürfe sich niemand davon ausnehmen.[12]

Staatsbürgerliche Rechte: Golden Visa

In den süddeutschen Staaten, die die französische Praxis kopierten, sah man das damals noch anders. Eine politische Rhetorik, die Militärpflicht und aktives Staatsbürgertum wie in Preußen nahtlos verkoppelte, gab es in Bayern, Baden oder Württemberg nicht. Allerhöchste Versuche, eine solche Bindung einzuführen, stießen in den Landtagen auf erbitterten Widerstand. Als die badische Regierung Anfang der 1820er Jahre vorschlug, Ausländern nach ihrem freiwilligen Militärdienst das Staats- und Gemeindebürgerrecht zu verleihen, liefen die Abgeordneten Sturm. Ihrer Meinung nach dienten die Ausländer um »ihres eignen Vortheils willen«. Dafür sollten sie nicht automatisch mit dem Bürgerrecht belohnt werden. Gediente könnten sich aber, wie jeder andere, darum bewerben.[13]

Um solche Bewerbungen geht es auch in der aktuellen Debatte um *Golden Visa*. Seit den 1980er Jahren sind immer

mehr Staaten dazu übergegangen, Aufenthalts- und Bürgerrechte an zahlungskräftige Kunden aus dem Ausland zu verkaufen. Den Anfang machte 1986 Kanada, die USA folgten
1990. Auch zwanzig Staaten der Europäischen Union bieten
derzeit goldene Visa an; Zypern, Malta und Bulgarien ver-
schachern sogar Pässe. Transparency International schätzt,
dass im vergangenen Jahrzehnt mindestens 6000 Pässe und
fast 100 000 Aufenthaltsgenehmigungen die Seiten gewech-
selt haben, die meisten in Großbritannien, Spanien, Ungarn,
Lettland und Portugal. Die Lissaboner Behörden stellten
allein zwischen 2012 und 2018 6500 Visa für Nichteuropäer,
überwiegend Chinesen, aus. Sie hatten entweder eine Immo-
bilie im Wert von einer halben Million Euro gekauft oder ein
Unternehmen gegründet und mindestens zehn Arbeitsplätze
geschaffen. Etwas höhere Ansprüche hat man in den USA:
Hier liegt die erwartete Kapitalinvestition bei einer Million
Dollar; falls das Geld in ländliche Regionen oder Gebiete mit
hoher Arbeitslosigkeit fließt, halbiert sich der Preis für die
begehrte Green Card.[14]

Was ist daran problematisch? Kritiker monieren zum
einen die soziale Ungleichheit des Zuteilungssystems. Nur
wer Geld hat (aus welchen Quellen auch immer), kann sich
einkaufen; Habenichtse, die überwältigende Mehrheit aller
Migranten, bleiben draußen. Zwar kommt Ungleichheit auch
beim Erwerb von Luxusyachten, Privatjets und Villen zum
Tragen, ohne dass sich daran ernste Konflikte entzünden.
Bei der Frage aber, ob jemand das Recht erhält, sich in einem
Land seiner Wahl niederzulassen oder nicht, geht es um mehr.

Darauf zielt der zweite Einwand: Wird Staatsbürgerschaft
vermarktet, verändert das ihren Charakter und Wert. Was
einst ein politisches Verhältnis begründete, konstituiert jetzt
eine ökonomische Beziehung. Statt politischer Teilhabe, Mit-
regierung, Risikohaftung und Solidarität geht es um wirt-

schaftliche Chancen und finanzielle Sicherheiten. Damit verschiebt sich die Bedeutung von Zugehörigkeit. Staatsbürgerschaft wird moralisch entwertet und belanglos, sie ist eine Ware wie jede andere; entscheidend ist, dass die Kasse stimmt. Während mittellose Migranten, die im Land bleiben oder sich einbürgern lassen wollen, Sprachkenntnisse und historisch-politisches Wissen nachweisen müssen, genügt bei Reichen und Superreichen das Scheckbuch. Ihre soziale und politische Inklusion steht ebenso wenig zur Debatte wie die Frage, wie sie es selber damit halten.

Marktliberale Ökonomen haben damit keine Schwierigkeiten. Milton Friedmans Meisterschüler Gary Becker, der für seine ökonomische Analyse menschlichen Verhaltens, von der Familiengründung bis zur Kriminalität, 1992 den Nobelpreis erhielt, schlug am Tag danach im *Wall Street Journal* vor, Einwanderungsgenehmigungen auf Auktionen meistbietend zu versteigern. Dies würde die politisch strittige Migrationsfrage effizient und transparent lösen. 2013 erneuerte er seinen Rat.[15]

Der Kapitalismus und sein Prinzip, möglichst alle Güter, Dienstleistungen und Beziehungen wettbewerblich auf Märkten zu handeln, zu bewerten und mit differenzierten Preisen zu belegen, haben inzwischen beinahe sämtliche Lebensbereiche erfasst. Das reicht vom Privatesten, der Sexualität, bis zum Öffentlichsten, der Politik. Dahinter steht das Versprechen von Freiheit, individueller Lebensgestaltung, effizienter Koordination und Wohlstandsvermehrung. Gerade in Osteuropa kam das, nach Jahrzehnten staatlich gelenkter Plan- und Mangelwirtschaft, anfangs gut an. Auch im alten Westen war der Markt seit den 1980er Jahren zu einer überaus populären Institution geworden. Er sei, hieß es, der wahre Repräsentant der kleinen Leute und wisse besser als die Politik, was ihnen guttue.

Ohne diesen weit verbreiteten, regierungsamtlich unterstützten und medial hochgejazzten Marktpopulismus hätte sich der Trend zur Vermarktlichung nicht so rasch und einschneidend durchsetzen können. Seine Kosten, für den Einzelnen ebenso wie für die Gesamtheit, sind erheblich. Wenn marktfremde Werte und Beziehungen zunehmend monetarisiert und vom Markt überformt werden, verändern sich die Strukturen und Spielregeln sozialen Zusammenlebens. Die Marktlogik beherrscht über kurz oder lang alle anderen Handlungsmotive und drängt sie an den Rand. Moralische Stoppschilder werden abgebaut, alternative Wertorientierungen delegitimiert.

Endnoten

1 Karl Polanyi, The Great Transformation. Politische und ökonomische Ursprünge von Gesellschaften und Wirtschaftssystemen [1944], Frankfurt
1978, S. 71 ff.; ders., Aristoteles entdeckt die Volkswirtschaft, in: Herzog
u. Honneth, Wert des Marktes, S. 268–305.

2 Polanyi, Great Transformation, Zitate S. 146, 121, 88 f.

3 Friedrich Bartholomäi, Volkspsychologische Spiegelbilder aus Berliner
Annoncen, in: Berliner Städtisches Jahrbuch für Volkswirthschaft und
Statistik 1 (1874), S. 37–53, Zitate S. 52, 44.

4 Zu Indien Fritzi-Marie Titzmann, Der indische Online-Heiratsmarkt,
Berlin 2014. Zu jüdischen Heiratsvermittlern Marion Kaplan, Jüdisches
Bürgertum: Frau, Familie und Identität im Kaiserreich, München 1997,
Kap. 3; allgemein Monika Wienfort, Verliebt, verlobt, verheiratet. Eine
Geschichte der Ehe seit der Romantik, München 2014, S. 21–25.

5 Marion A. Kaplan, Die jüdische Frauenbewegung in Deutschland, Hamburg 1981, S. 181 ff.; Irene Stratenwerth u. a., Der Gelbe Schein. Mädchenhandel 1860 bis 1930, Bremerhaven 2012.

6 Anita Ulrich, Bordelle, Straßendirnen und bürgerliche Sittlichkeit in der
Belle Epoque, Zürich 1985; Sybille Krafft, Zucht und Unzucht. Prostitution und Sittenpolizei im München der Jahrhundertwende, München
1996; Michael Häusler u. Bettina Hitzer (Hg.), Zwischen Tanzboden und
Bordell, Berlin 2010.

7 Immanuel Kant, Die Metaphysik der Sitten (= Werkausgabe Bd. VIII,
hg. v. Wilhelm Weischedel), 5. Aufl., Frankfurt 1982, S. 390; Margareth
Lanzinger u. a., Aushandeln von Ehe. Heiratsverträge der Neuzeit im
europäischen Vergleich, Köln 2010.

8 Laurie Penny, Fleischmarkt. Weibliche Körper im Kapitalismus, Hamburg 2012, S. 36–44.

9 Richard M. Titmuss, The Gift Relationship. From Human Blood to Social
Policy [1970], London 1997.

10 Jens Beckert u. Matías Dewey (Hg.), The Architecture of Illegal Markets,
Oxford 2017; Philippe Steiner u. Marie Trespeuch (Hg.), Marchés contestés. Quand le marché rencontre la morale, Toulouse 2014.

11 Michael J. Sandel, Was man für Geld nicht kaufen kann. Die moralischen
Grenzen des Marktes, Berlin 2012; Debra Satz, Von Waren und Werten.
Die Macht der Märkte und warum manche Dinge nicht zum Verkauf
stehen sollten, Hamburg 2013, Zitat S. 16.

12 Ute Frevert, Die kasernierte Nation. Militärdienst und Zivilgesellschaft in
Deutschland, München 2001, Zitate S. 66, 130 f.

13 Ebd., S. 140.

14 https://www.sueddeutsche.de/politik/2.220/aufenthalt-in-der-eu-neue-
regeln-fuer-goldene-visa-1.4299460; https://www.transparency.org/what-
wedo/publication/golden_visas

15 Gary S. Becker, An Open Door for Immigrants – the Auction, in: Wall
Street Journal v. 14. 10. 1992; ders. u. Edward P. Lazear, A Market Solution
to Immigration Reform, in: ebd., 1. 3. 2013. Die Gegenposition vertritt
Ayelet Shachar, Citizenship for Sale?, in: dies. u. a. (Hg.), The Oxford
Handbook of Citizenship, New York 2017, S. 789–816.

V Moralisierungsdiskurse

Doch woher stammen solche moralischen Stoppschilder, wer hat sie aufgestellt und zu welchem Zweck? In besonders großer Dichte und Häufigkeit regelten sie den wirtschaftlichen Verkehr in vormodernen Gesellschaften. Mit ihrer Hilfe sorgten Gemeinden dafür, dass niemand die Allmende als Gemeinschaftsbesitz widerrechtlich bewirtschaftete und übernutzte. Handwerkerzünfte und Kaufmannsgilden achteten streng auf die Einhaltung moralischer Übereinkünfte, die die eheliche Herkunft ihrer Mitglieder ebenso betrafen wie deren ehrbar-ehrliche Geschäftsführung. Um das Borgen und Verleihen von Geld spann sich ein engmaschiges Netz aus Vorurteilen und Verurteilungen. Geldverleiher standen weithin im Geruch, skrupellose Wucherer zu sein, die sich ihr Geschäftsrisiko durch exorbitante Zinsen auspolsterten. Shakespeare setzte ihnen in der Gestalt Shylocks ein zwiespältiges Denkmal, das antisemitische Ressentiments nährte und befeuerte.

Die kapitalistische Marktwirtschaft schien solchen Moralisierungen, frei nach Adam Smith, ein Ende zu bereiten. Sie hielt vorgeblich nichts von Moral, dafür umso mehr von effizienten Ergebnissen. Lediglich in den kapitalismuskritischen Bewegungen lebte die moralische Kommunikation fort. So legten die Genossenschaften des 19. und 20. Jahrhunderts großen Wert auf moralisch einwandfreies Verhalten. Wer sich nicht an die Regeln hielt, wer schlecht wirtschaftete oder, in der Sprache der Zeit, »liederlich« war, der wurde ermahnt, beobachtet und im Wiederholungsfall ausgeschlossen. Man führte ein strenges moralisches Regiment, das Abweichungen keinen Raum ließ. Ökonomisches Verhalten hatte moralischen Vorgaben zu folgen, und diese schlossen die gesamte Lebensführung ein.

Der Umgang mit Geld: Kredite und ihre Rückzahlung

Aber stimmt es tatsächlich, dass der Kapitalismus die Moral aufs Abstellgleis schob und die Gesetze des Marktes gelten ließ? Zweifel an dieser Selbst- und Fremdsicht sind nicht zuletzt mit Blick auf die Kredit- und Finanzmärkte angebracht. Gerade hier ist die Dialektik von Achtung und Missachtung besonders auffällig. Mit Geld handeln, sich Geld borgen, für verliehenes Geld ein Entgelt in Form von Zinsen verlangen: Solche Transaktionen wurden auch im 19. und 20. Jahrhundert argwöhnisch verfolgt, kommentiert und reglementiert.

Dass diejenigen, die Geld verliehen, auf ökonomische und moralische Sicherheiten der Schuldner Wert legten, traf in besonderem Maße auf die frühen Spar- und Darlehenskassen zu, wie sie die Sozialreformer Hermann Schulze-Delitzsch und Friedrich Wilhelm Raiffeisen um die Mitte des 19. Jahrhunderts ins Leben riefen. Die Kassen vergaben Kredite nur an Mitglieder und achteten darauf, dass ausschließlich ehrliche, arbeitsfreudige Personen aufgenommen wurden. Wer »durch Trunksucht oder sonstiges ausschweifendes Verhalten« auffiel, war ebenso wenig kreditwürdig wie »nachlässige« oder »leichtsinnige« Menschen. Und auch während der Laufzeit eines Kredits gaben die Mitglieder darauf Acht, dass niemand durch sein Verhalten die Rückzahlung gefährdete. Das wurde dadurch erleichtert, dass in den kleinen Orten, an denen solche Kassen florierten, jeder jeden kannte.[1]

Nicht viel anders als Genossenschaftsbanken verliehen auch kommerzielle Institute Geld nur nach genauer Prüfung. Professionelle Auskunfteien holten Erkundigungen über Familienverhältnisse, Charakter und »sittliches« Verhalten der Aspiranten ein. Wer es an Respektabilität und Verlässlichkeit fehlen ließ, konnte nicht erwarten, seinen Kreditwunsch erfüllt zu bekommen.

Selbstverständlich musste auch der Verwendungszweck eines Kredits überzeugen und stichhaltig begründet werden. Unproblematisch war er dann, wenn eine akute, unverschuldete Notlage zu überbrücken war oder das Geld in eine neue, erfolgversprechende Erwerbsquelle investiert wurde. Lebte jemand aber konstant über seine Verhältnisse und gab mehr aus, als er einnahm, sprach das gegen ihn. »Exzesse« der Lebensführung mit fremdem Geld zu finanzieren, galt als moralisch anrüchig. In jedem Fall mussten Schulden ohne Verzug beglichen werden. Wer es an Zahlungsmoral fehlen ließ, wurde öffentlich dafür gerügt und bloßgestellt. Als Goethes Schwager Johann Georg Schlosser 1773 Oberamtmann des badischen Städtchens Emmendingen mit damals 2000 Einwohnern wurde, ordnete er an, dass der Nachtwächter jeden Morgen um vier Uhr an die Fensterläden verschuldeter Bürger klopfen und laut rufen sollte: »Leute, steht auf und arbeitet, damit ihr eure Schulden bezahlen könnt.«

Solche schrillen Ermahnungen und scharfen Kontrollen gab es auch im 19. Jahrhundert, und es gibt sie noch heute. Das schweizerische Bundesgesetz über Schuldbetreibung und Konkurs, 1892 in Kraft gesetzt, sah vor, dass bei einer Pfändung der »Gerichtsweibel« für alle sichtbar beim Schuldner vorbeikam. Die Nachbarn waren also bestens informiert, die Gerüchte schossen ins Kraut, die Reputation

Befrackter
Schuldeneintreiber
im Jahr 2012

des Schuldners war dahin. In Sachsen wurden Bürger, die ihre Kommunalabgaben nicht bezahlten, öffentlich an den Pranger gestellt: In den Gasthäusern hingen ihre Namen aus, Wirte sollten sie nicht mehr bedienen.[2] Mit ähnlichen Sanktionen arbeiten derzeit die sogenannten *cobradores del frac*. So heißen in Spanien die kostümierten Geldeintreiber in Frack und Zylinder, die Schuldner aufsuchen und öffentlich vorführen. »Jeder«, verkündet der kaufmännische Direktor des Inkasso-Unternehmens, »jeder wird wissen, dass Sie Geld schulden. Ihre Nachbarn, Ihre Kunden, Ihre Lieferanten. Sie werden das nicht mögen.«[3]

Auch in Deutschland machte das Beispiel Schule. 1993 gründete ein Berliner Kellner die »Schuldenhoppel-Agentur«. Ihre Angestellten, in rosa Webpelz mit Stummelschwanz und Hängeohren, verfolgten Zahlungsunwillige nach dem Motto: Je auffälliger, desto besser. In Leipzig waren »Schwarze Ladies« Schuldnern auf der Spur, in anderen Städten erinnerte der »Schwarze Mann« mit Melone, Fliege und Regenschirm Säumige an ihre Zahlungsrückstände.[4] Viele Länder stellen derartige Praktiken unter Strafe: Großbritannien und die USA verbieten es, einen Schuldner oder seine Familie zu drangsalieren, zu bedrängen oder zu schmähen. Auch deutsche Gerichte bewerten das als Verstoß gegen die guten Sitten.

Moral trifft hier auf Gegenmoral. Allerdings haben sich die Koordinaten erheblich verschoben. Galt es vor 250 oder

150 Jahren als unmoralisch, Schulden zu machen und sie nicht vertragsgemäß zurückzuzahlen, empfindet man es heute als sittenwidrig, Schuldner öffentlich an diese Pflicht zu erinnern. Der Persönlichkeitsschutz steht über dem Recht des Gläubigers, laut und vernehmlich auf die Rückzahlung seines Geldes zu pochen. Dennoch hat sich ein Stück der alten moralischen Ökonomie erhalten. Offenbar ist es den Schuldnern hochnotpeinlich, vor anderen auf ihre Säumigkeit hingewiesen zu werden. Die Angst vor sozialmoralischer Ächtung und deren ökonomischen Konsequenzen sitzt tief.

Schulden, Insolvenz, Wucher

Seinen moralischen *haut goût* hat das Schuldenmachen abgestreift, seit es in Form von Ratenkäufen oder Kreditkartenzahlung zum Alltag gehört. *Buy now, pay later*: Jeder und jede kennt das Geschäftsmodell. Aus der individuellen Not hat es eine volkswirtschaftliche Tugend gemacht, die allen zugutekommt, den Bedürfnissen der Konsumenten ebenso wie den Geschäften der Unternehmen. Früher konnten Menschen, denen das Geld ausgegangen war, im Laden an der Ecke anschreiben lassen. Sobald sie wieder zu Geld kamen, beglichen sie die offenen Rechnungen. Mittlerweile werden sie geradewegs dazu ermuntert, anschreiben zu lassen. In den USA begann die Singer-Nähmaschinenfabrik bereits um die Mitte des 19. Jahrhunderts, ihre Produkte auf Raten zu verkaufen, und auch in Frankreich und Deutschland fand das Modell Nachahmung. 1849 eröffnete in Hamburg ein sogenanntes Warenkredithaus, in dem man Textilien und Einrichtungsgegenstände auf Kredit kaufen konnte.

»Jetzt kaufen, später zahlen« setzte sich auf breiter Front allerdings erst ab den 1950er Jahren durch. Bis heute wol-

Werbung aus der Salzburger
Zeitung vom 11. April 1871

len Versandhäuser, Möbelhändler und Elektromärkte damit
Käufer anlocken und ihr Geschäft ankurbeln. Konsumen-
tenkredite und Teilzahlungsgeschäfte sind selbstverständlich
geworden und zahlen sich für die Firmen offenbar aus. Selbst
Banken vergaben Hypotheken bis zur Immobilienmarkt-
krise 2007/08 mit immer freierer Hand. Unter der politisch
gewollten und moralisch verpackten Devise, jeder Bürger
solle in den eigenen vier Wänden leben können, erhielten
in den USA selbst jene Käufer einen Kredit, die kein eigenes
Kapital mitbrachten. Man spekulierte auf steigende Häuser-
preise, bis die Blase platzte.

Eine Entmoralisierung fand auch dort statt, wo es um
Insolvenzen und Konkurse ging. Noch für Napoleon I. war
jeder Bankrotteur ein Frevler und Verbrecher, der gesellschaftliche Ächtung verdiente. Das lässt sich so oder ähnlich
in den Romanen des 19. und frühen 20. Jahrhunderts nachlesen, von Honoré de Balzacs *Menschlicher Komödie* bis zu
Thomas Manns *Buddenbrooks*. Rechtlich aber unterschied

man schon damals zwischen Fallimenten, die auf unglückliche äußere Umstände zurückgingen und straffrei blieben, und solchen, die aus grobem Fehlverhalten oder gar Betrug resultierten.

Wo genau die Grenze zwischen unverschuldeter Insolvenz und betrügerischem Bankrott verlief, war nicht immer klar. So gab 1868 eine anonyme Eingabe zu bedenken: »Ein Falit im Kanton Zürich ist todt in allen Beziehungen. Es sind nicht alle liederlich. Die meisten, die Falitt werden, haben sich über die schwere Zeit geplagt.« Aus eben diesem Grund verzichtete die Stadt Luzern 1848 darauf, insolvente Schuldner auf dem Wochenmarkt öffentlich vorzuführen und mit Trompetenstößen anzukündigen. Auch die Praxis, ihnen die bürgerlichen Ehrenrechte abzuerkennen, wurde ausgesetzt, sofern die Betreffenden ihre Unschuld gutachterlich nachweisen konnten.[5]

Die Unterscheidung zwischen moralisch integrem und anstößigem Verhalten spiegelte die Erfahrung wider, dass wirtschaftliche Entwicklungen zunehmend unvorhersehbar waren und den Einzelnen plötzlich, ohne persönliches Zutun, in eine finanzielle Zwangslage bringen mochten. Eine ähnliche Entmoralisierung kündigte sich in der brisanten Frage des Wuchers an. Um die Mitte des 19. Jahrhunderts verzichteten viele

Wuchermedaille von 1923

europäische Staaten, angefangen mit Großbritannien, auf gesetzlich verfügte Zinsbeschränkungen. Sie folgten der neuen ökonomischen Lehre, wonach fixierte Zinssätze oder Preise die Entfaltung der Wirtschaft und des allgemeinen Wohlstandes behinderten. Geld wurde fortan wie jede andere Ware dem Wettbewerb von Angebot und Nachfrage unterworfen.

Spekulanten und Börsianer

Doch schon die schwere Wirtschaftskrise der 1870er Jahre machte Wucher erneut zum Thema moralischer Kommunikation. Der Staat, hieß es von allen Seiten, sollte Obergrenzen für Zins festlegen und die Bürger vor Wucherern schützen, die man meist als Juden darstellte. Die Kritiker beriefen sich auf das Gemeinwohl, auf Gerechtigkeit, auf die Volksmeinung. Das waren, in den Worten Max Webers, »pathetische sittliche Postulate«, Normen »rein ethischen Charakters«. Der gesetzlichen Vermarktlichung des Geldes folgte der Versuch, den Wucher von Neuem sozialmoralisch zu stigmatisieren, auf dem Fuße.

Er war zumindest partiell erfolgreich. Zwar statuierten auch die revidierten Wuchergesetze der 1880er Jahre keine Zinshöchstsätze. Aber sie stellten denjenigen unter Strafe, der »unter Ausbeutung der Notlage, des Leichtsinns oder der Unerfahrenheit eines anderen« Darlehen mit auffällig überhöhten Zinsen vergab. Damit flossen moralische Kategorien oder das, was Weber mit »antiformalen Normen« meinte, in den Gesetzestext ein.[6] Sie kommen bis heute ins Spiel, wenn man sich über »Mietwucher« und »Wuchermieten«, über »Wucherpreise« und »Wucherverträge« empört.

Ebenfalls moralisch aufgeladen war und ist die Rede vom Spekulanten, bei der oft antisemitische Ressentiments an-

»Börsentypen«, Holz-
stich von 1871, nach
einer Zeichnung von
Karl Klic

klangen und mitschwangen. In Rainer Werner Fassbinders
Theaterstück *Der Müll, die Stadt und der Tod* von 1975 war
der reiche Immobilienspekulant selbstverständlich ein Jude.
Im späten 19. Jahrhundert bündelten sich solche Stereotype
im Misstrauen gegen die Börse als »Tempel des modernen
Judentums« und »Tummelplatz« von Spekulanten. Sie han-
delten angeblich bar jeder Moral und ohne »ein Gefühl gemeinschaftlicher Ehre und Pflicht«. Die konservative *Kreuz-
zeitung* beschrieb die Börse 1893 als »die äußerste Konsequenz
alles dessen, was in der heutigen Entwicklung der kapitalistischen Privatwirthschaft faul, unmoralisch und volksverderb-
lich ist«.[7]

Gegen diese Kritik verteidigten sich Börsianer mit der
Behauptung, die Börse sei keine »Institution für Ethik und
Moral«, sondern ein »Platz, wo man Geschäfte macht«. Dazu
zählten auch hochspekulative Zeitgeschäfte, die die Berliner
Korporation der Kaufmannschaft 1891 mit dem »Trieb nach
Erwerb und Gewinn« rechtfertigte. Der sei ein »unentbehr-

licher Faktor für die Anspannung der geistigen Kräfte des Menschengeschlechtes«, und deshalb dürfe man auch den Terminhandel nicht »mit einem Makel behaften«.

Was vom kaufmännischen Standpunkt aus statthaft und richtig war, wurde, wie der Berliner Polizeipräsident protokollierte, »von anderer Seite als verwerflich verurtheilt«. Sie bestand überwiegend aus Großgrundbesitzern, die die moderne Geschäftswelt als gefährliche Konkurrentin um gesellschaftliche und politische Macht fürchteten. Ihre Forderung, die Börse schärfer zu regulieren, hatte 1896 Erfolg: Der Reichstag stimmte einem neuen Gesetz zu, das Termingeschäfte für Getreide sowie Montanwerte verbot und die Börse unter staatliche Aufsicht stellte. Die Vertreter der Landwirtschaft feierten das als Sieg und Triumph über einen Kapitalismus, dem das moralische Fundament fehle. Die Kaufmannschaft wiederum beklagte die Angriffe auf ihre »Ehre«, »Redlichkeit« und »Zuverlässigkeit«. Sie sah sich gekränkt und in ihrem »Selbstgefühl verletzt«.

In dieser Auseinandersetzung prallten, wie so häufig, unterschiedliche Vorstellungen von Moral und Moralität zusammen. Das »mobile Kapital«, wie es der Bankier Georg Siemens nannte, berief sich, in Adam Smiths Tradition, auf einen genuin menschlichen Erwerbstrieb, der letztlich allen zugutekomme, weil er wesentlich dazu beitrage, den gesellschaftlichen Wohlstand zu mehren. Die Repräsentanten des »fixen Kapitals« dagegen vermissten bei ihren Gegnern die »sittliche Grundlage« und warfen ihnen »egoistische Kapitalsherrschaft« vor. Ihrerseits nahmen sie in Anspruch, sich in bester paternalistisch-patriarchalischer Tradition um das Volkswohl zu kümmern, ihre Arbeiter »menschlich« und »pfleglich« zu behandeln und sie vor der »Ungerechtigkeit und Härte« der kapitalistischen Wirtschaftswelt zu beschützen.[8]

Moralische Argumente wurden hier unverhohlen zur Camouflage ökonomischer Interessen und politischer Machtkonflikte bemüht, und zwar von beiden Seiten. Alle benutzten dafür nicht-ökonomische Begriffe: Ehre und Redlichkeit, Zuverlässigkeit und Gerechtigkeit. Adlig-konservative Großgrundbesitzer schwangen sich zu Anwälten der kleinen Leute auf, die vom Kapital ausgesogen und um ihr gutes Geld gebracht würden. Bürgerlich-liberale Kaufleute und Bankiers stellten das in Abrede und hoben den gesamtgesellschaftlichen Nutzen ihrer Geschäfte hervor.

Dass sie »Ethik und Moral« gleichwohl eher kleinschrieben und dem »Trieb nach Erwerb und Gewinn« nachordneten, mochte aus ihrer Perspektive stimmig sein. Sie sahen sich als Speerspitze eines wirtschaftlichen Aufwärtstrends, der die Gesellschaft umkrempelte und zum Besseren veränderte. Vor dieser Erfolgsbilanz müsse jede Kritik am Kapitalismus und seinen Institutionen verblassen. So zumindest dachte man in den Kreisen derer, die unmittelbar davon profitierten.

Shareholder oder *Stakeholder*

Hundert Jahre später scheint man anders zu denken. Ethik und Moral sind für hartgesottene Manager und Börsianer keine Fremdwörter mehr. Seit den 1980er Jahren haben sich Wirtschafts- und Unternehmensethik fest etabliert, in der akademischen Debatte ebenso wie in der Geschäftswelt. Die meisten Unternehmen – solche des produzierenden Gewerbes allerdings deutlich häufiger als Investmentbanken und Private-Equity-Gesellschaften – bekennen sich zur *corporate social responsibility*, viele haben entsprechende Leitungspositionen und Abteilungen eingerichtet.[9] Dass sie sie überwiegend mit Frauen besetzen, die in den Führungsetagen ansonsten eher selten zu sehen sind (außer als Sekretärinnen), spricht Bände. Indem man den angeblich weiblichen Sinn für Empathie und Sorge in Stellung bringt, demonstriert man seine soziale Seite. Für Unternehmen, die von Kunden und potentiellen Beschäftigten als dynamisch, aufgeschlossen und freundlich wahrgenommen werden wollen, gehört das zum Marketing und *impression management*. Doch ist es stets nur Mittel zum Zweck, und der heißt, sich auf dem Markt besser zu positionieren und höhere Umsätze und Gewinne zu generieren.

Seit drei oder vier Jahrzehnten huldigen börsennotierte Unternehmen, aber nicht nur sie, der Maxime des *shareholder value*: Das Interesse der Anteilseigner an Kursgewinnen und Dividendenerträgen bestimmt die Geschäftsstrategie. Das steht zwar konträr zu den meisten wirtschaftsethischen Lehrsätzen, sei aber, wie Milton Friedman und seine Schüler predigten, die Kernaufgabe des Managers, alles andere gehe ihn nichts an. Verantwortung auch für die übrigen *stakeholder* zu übernehmen, überschreite seinen Kompetenzbereich, verforme unternehmerisches Handeln und mindere die Ertragskraft.

Friedmans Mantra traf im letzten Drittel des 20. Jahrhunderts weltweit auf große Resonanz, nicht zuletzt deshalb, weil der Ökonomieprofessor aus Chicago es mit der Botschaft individueller Freiheit verknüpfte und medienwirksam aufbereitete. Seine Bücher verkauften sich blendend, und Millionen Zuschauer schalteten in den 1980ern seine beliebten Fernsehsendungen ein. In den USA, wo der Anteil der Aktienbesitzer an der Bevölkerung relativ hoch war und ist – er lag 2016 bei 25 Prozent (zum Vergleich: Deutschland 6, Österreich 7 Prozent) –, kam das Gospel vom *shareholder value*, der nicht durch wirtschaftsfremde Rücksichten geschmälert werden dürfe, gut an.

 Der Dachverband der Kritischen Aktionärinnen und Aktionäre wurde 1986 gegründet.

Aber es gab auch andere Stimmen. 1968 protestierten Aktionäre auf der Siemens-Hauptversammlung gegen die Beteiligung des Konzerns am Bau eines Staudamms in Mosambik, das damals noch unter portugiesischer Kolonialherrschaft stand. In den 1980er Jahren machten sie Front gegen Großbanken und deren Geschäfte mit dem südafrikanischen Apartheid-Regime. Auch der Chemie-Riese Bayer musste sich immer wieder mit dem Störfeuer »alternativer Aktionäre« auseinandersetzen, die ihm »grenzenlose Sucht nach Gewinnen und Profiten« auf Kosten der Umwelt, der Anwohner und der Kunden vorwarfen. 1986 schlossen sich zahlreiche Einzelorganisationen zum Dachverband Kritischer Aktionäre zusammen; seine Vertreter melden sich auf Hauptversammlungen gegen Rüstungsexporte, Umweltzerstörung und unsoziale Arbeitsbedingungen zu Wort. Selbst wenn sie nur eine kleine Minderheit bilden, können sie Sand ins Getriebe streuen und tun das nach Kräften.[10]

Während sie pro forma als *shareholder* auftreten, agieren sie de facto als *stakeholder*. Unter diesem betriebswirtschaftlichen Begriff, der es längst auf die Wirtschaftsseiten überregionaler Zeitungen geschafft hat, versteht man die große Schar derer, die von einem bestimmten Unternehmen oder Projekt direkt oder mittelbar betroffen sind. Dazu gehören neben Anteilseignern und Managern auch Mitarbeiter, Kunden, Lieferanten, Kommunen, Nachbarn. In dem Maße, wie diese Gruppen ihre Ansprüche und Interessen zur Sprache bringen, wächst der Druck auf die Unternehmensleitung, sie anzuhören und ihnen Raum zu geben.

Viele Firmen haben das inzwischen verstanden und gelernt, mit Kritik konstruktiv umzugehen. Howard Schultz, damals noch CEO der weltweit operierenden Kaffeekette Starbucks, appellierte 2012 an seine Kollegen, eng mit den Kommunen zu kooperieren und über die Gewerbesteuer hinaus »Nutzen für die Gemeinden zu stiften, in denen wir Geschäfte machen«. Das sei nicht nur an sich »eine gute Sache«. Es habe auch, »durch die kapitalistische Brille betrachtet«, Vorteile für das Unternehmen selber. Denn »immer mehr sind Werte die entscheidende Grundlage für die Loyalität von Konsumenten und Mitarbeitern«. Wer Toptalente rekrutieren wolle, müsse seine Werte so ausrichten, dass sie mit denen der Zielgruppe harmonierten. In dieser Hinsicht sei die Entscheidung, Verantwortung für das soziale Umfeld zu übernehmen, keine »Wohltätigkeit«, sondern »eine schlichte Notwendigkeit«. Wer wie Schultz »den Kapitalismus neu erfinden« will, kann die moralische Ökonomie der *stakeholder* nicht ignorieren, sondern muss sich der neuen sozialen Ökologie anpassen.[11]

Endnoten

1   Ute Frevert, Vertrauensfragen. Eine Obsession der Moderne, München 2013, Zitate S. 119 f.

2   Dies., Die Politik der Demütigung, Frankfurt 2017, S. 208–210; für die Schweiz Mischa Suter, Rechtstrieb. Schulden und Vollstreckung im liberalen Kapitalismus 1800–1900, Konstanz 2016, S. 57, 80, 200.

3   http://www.spiegel.de/wirtschaft/ueberschuldung-in-spanien-angstvorm-schwarzen-mann-a-584133.html (v. 19.10.2008).

4   http://www.berliner-zeitung.de/rosa-langohren-sollen-saeumigezum-zahlen-bewegen-ein-schuldner-lässt-die-hasen-los-17567712 (v. 4.2.1995).

5   Suter, S. 60, 79 f., 94.

6   Max Weber, Wirtschaft und Gesellschaft, 5. Aufl., Tübingen 1985, S. 507; Michael H. Geyer, Die Sprache des Rechts, die Sprache des Antisemitismus: »Wucher« und soziale Ordnungsvorstellungen im Kaiserreich und der Weimarer Republik, in: Christof Dipper u. a. (Hg.), Europäische Sozialgeschichte, Berlin 2000, S. 413–429, hier 418; Leopold Caro, Der Wucher, Leipzig 1893, S. 26 ff.

7   Christof Biggeleben, Das »Bollwerk des Bürgertums«. Die Berliner Kaufmannschaft 1870–1920, München 2006, Zitate S. 235 f. Zur Semantik der Finanzspekulation Urs Stäheli, Spektakuläre Spekulation. Das Populäre der Ökonomie, Frankfurt 2007, der v. a. die US-amerikanischen Debatten zwischen 1870 und 1930 untersucht.

8   Biggeleben, Zitate S. 241, 243, 245, 291 f., 237 (Siemens); Stenographische Berichte über die Verhandlungen des Deutschen Reichstags, 4. Legislaturperiode, II. Session 1879, Bd. 1, Berlin 1879, S. 749 f. (Redebeitrag des deutschkonservativen Abgeordneten Hans Hugo von Kleist-Retzow).

9   Juliana Raupp u. a. (Hg.), Handbuch CSR, Wiesbaden 2011.

10 DER SPIEGEL, Nr. 35/1988, S. 100–103, Zitat 102; Antje Kleine-Wiskott (Hg.), Menschen Mut machen – Konzernopfern eine Stimme geben: 25 Jahre Kritische Aktionäre, Köln 2011.

11 http://www.harvardbusinessmanager.de/blogs/a-810319-2.html

VI Transformationen

Solche Anpassungsleistungen wären in der Geschichte kapitalistischen Wirtschaftens nichts Neues. Von Anfang an hat sich der Kapitalismus flexibel auf gesellschaftliche Kritik und moralische Forderungen eingelassen. Er hat gelernt, mit Kritik und Widerspruch so umzugehen, dass seine Ausbreitung und Attraktivität nicht nachhaltig gefährdet waren. Gerade weil er regelmäßig unter moralischen Beschuss kam, konnte er Formen annehmen, die ihn daran hinderten, sich selber zu zerstören. Der Kapitalismus war lernfähig, und das war seine Rettung.

Lernanstöße kamen aus verschiedenen Richtungen. Lange bevor der Staat eingriff und Gesetze gegen Kinderarbeit oder überlange Arbeitszeiten erließ, bemühten sich besorgte Bürger, Kirchenmänner, Frauenvereine darum, Härten zu mildern und Reformen anzustoßen. Auch Arbeiter und Arbeiterinnen selber protestierten gegen karge Löhne und unmenschliche Arbeitsbedingungen. Ihre Gewerkschaften und Parteien setzten die soziale oder »Arbeiterfrage« seit Mitte des 19. Jahrhunderts auf die politische Tagesordnung. Im 20. Jahrhundert, im Zeichen der sich entfaltenden Konsumgesellschaft, ließen Verbraucher ihre ökonomischen und moralischen Muskeln spielen. Seit den 1950er Jahren traten transnationale Akteure auf den Plan, um unter der Flagge der Menschenrechte gegen kapitalistische Ausbeutung und ökologisch blinde Wachstumsdispositive zu protestieren.

Impulse der Produzenten

Im Vordergrund standen zunächst die Beziehungen zwischen Kapital und Arbeit. Manche Fabrikanten kümmerten sich schon aus Eigeninteresse darum, dass sich die materiellen Lebensverhältnisse ihrer Arbeiter verbesserten. Später waren sie sogar bereit, Beschäftigte am Gewinn zu beteiligen, und boten ihnen Aktienoptionen an. Im Gegenzug erwarteten sie Loyalität und politisches Wohlverhalten. Wie gut das funktionierte, erlebten die »alternativen« Aktionäre der 1980er Jahre. Weil ihre moralpolitischen Forderungen angeblich Arbeitsplätze gefährdeten, wurden sie von Belegschaftsaktionären ausgepfiffen.

Eine wichtige, wenngleich ambivalente Rolle bei der sozialmoralischen Einhegung und Transformation kapitalistischen Wirtschaftens spielte die Arbeiterbewegung. War sie ursprünglich angetreten, den Kapitalismus zu bekämpfen und zu überwinden, half sie de facto, ihn in ihrem Sinn zu verändern und damit zu stabilisieren. Gewerkschaften als Interessenvertretungen der Erwerbstätigen stritten seit der zweiten Hälfte des 19. Jahrhunderts für bessere Arbeitsbedingungen in Form höherer Löhne und kürzerer Arbeitszeiten. In einem mühsamen und konfliktreichen Prozess erlangten sie das Recht, kollektiv bindende Tarifverträge auszuhandeln und Arbeiterausschüsse in größeren Betrieben einzurichten.

Das Konzept einer Wirtschaftsdemokratie, 1928 öffentlich vorgestellt, stieß unter Gewerkschaftern auf große Begeisterung. Dahinter stand die Einsicht, dass der Kapitalismus gebogen werden könne und müsse, bevor er endgültig

zerbreche. Möglichkeiten entdeckte man dort, wo Betriebsräte – sie waren 1920 gesetzlich eingeführt worden – in
kapitalistischen Unternehmen mitbestimmten. Aber auch
kommunale Infrastrukturbetriebe, von der Energie- und
Wasserversorgung über den öffentlichen Nahverkehr bis
zu Krankenhäusern und Freizeitanlagen, sollten nach wirtschaftsdemokratischen Grundsätzen arbeiten.

Noch rigoroser galten diese Prinzipien für gewerkschaftseigene Unternehmen und Genossenschaften. Im 19. Jahrhundert als Selbsthilfeorganisationen der Arbeiter gegründet,
sollten sie dem Kapitalismus Grenzen setzen und Alternativen aufzeigen. »Das Genossenschaftswesen bezwingt
den Kapitalismus« wie einst David den Riesen Goliath be-
zwang, hieß es Anfang 1933 auf dem Titelblatt der Zeitschrift
Genossenschaftsfamilie. »Halt der Gewinnwirtschaft«: Hier
hinderte der muskulöse Arm der Konsum-Genossenschaft
1932 die raffgierige Hand des Kapitals daran, die Profite der

Genossenschaftsfamilie. Christliche Hauszeitschrift,
März 1932 und Februar 1933

Güterversorgung einzustreichen. Sie gehörten, so die Botschaft, dem Volk und sollten ihm zugutekommen. Beide Motive stammten aus dem Umfeld der christlichen Arbeiterbewegung, die sich in puncto Genossenschaften wenig von ihren sozialistischen Vorreitern unterschied. Allen ging es darum, wirtschaftliche Aktivitäten jenseits von Gewinnorientierung und Privateigentum zu erproben und zu entfalten.

Im Sommer 1933 wurden in Deutschland alle Gewerkschaften zerschlagen und aufgelöst. Ihre Unternehmungen gingen in den Besitz der Deutschen Arbeitsfront über. Darin waren sowohl Arbeitnehmer als auch Arbeitgeber organisiert, um das nationalsozialistische Modell einer rassisch definierten »Volks- und Leistungsgemeinschaft« zu verwirklichen. Diese Gemeinschaft habe, hieß es, »dem Klassenkampf abgeschworen« und arbeite geeint und zielstrebig für »die Förderung der Betriebszwecke und zum gemeinen Nutzen von Volk und Staat«. Dabei produzierten die Betriebe weiterhin nach kapitalistischen Grundsätzen, und nichtjüdisches Privateigentum blieb unangetastet. Stellung und Entscheidungshoheit des Betriebs-»Führers« waren unangreifbar. Zugleich kümmerte sich die DAF um die Bedürfnisse der »Gefolgschaft«. Sie übernahm die Verkaufsstellen der Konsumvereine, richtete Programme zur »Schönheit der Arbeit« ein und versprach »Kraft durch Freude«, mit Kürzel KdF.[1]

Eintrittskarte der Wiener Volksoper, 1940. Ein Stempel markiert das ermäßigte KdF-Kartenkontingent

1945 war es sowohl mit der Kraft als auch mit der Freude vorbei. Die Zwangsgemeinschaft der Produzenten löste sich auf, Unternehmer und Beschäftigte organisierten sich wieder getrennt voneinander. Der neugegründete Deutsche Gewerkschaftsbund griff erneut die wirtschaftsdemokratischen Konzepte der 1920er Jahre auf. Mitbestimmung und Sozialisierung, also die Überführung der Schlüsselindustrien in Gemeineigentum, stellten die Kernpunkte seines Programms zur »Neuordnung der Wirtschaft« dar. »Private Selbstsucht« dürfe nicht länger über die »Notwendigkeiten der Gesamtwirtschaft« triumphieren; außerdem sollten »alle Werktätigen« angemessen am volkswirtschaftlichen Gesamtertrag beteiligt werden.[2]

1947 warb selbst die konservative CDU »für Gemeinwirtschaft«, und antikapitalistische Positionen fanden sich im gesamten Parteienspektrum. Auch Liberale, traditionell wirtschaftsnah und industriefreundlich, machten sich die Idee sozialer Gerechtigkeit zu eigen und betonten, wie wichtig die moralische Einbettung und rechtliche Einhegung der kapitalistischen Ökonomie seien. Die Wirtschaft bedürfe, hieß

Wahlplakat der CDU, 1947

es bereits 1943 in einer Denkschrift des Freiburger Kreises, »der gesicherten Rechtsordnung und der festen sittlichen Grundlage. Läßt sie die Menschen innerlich verkümmern, ihren Persönlichkeitswert und ihre Würde zugrunde gehen, so werden die mit einem entseelenden Apparat aufgeführten Riesenbauten bald wieder zusammenstürzen.«[3]

Hat der »rheinische« Kapitalismus, wie er sich in der Bundesrepublik herausbildete, dieser angeblichen Entseelung und Verkümmerung tatsächlich entgegengewirkt? Fest steht, dass die »soziale Marktwirtschaft« Spannungen und Unruhen abdämpfte. Dazu trug nicht zuletzt die paritätische Mitbestimmung bei, die auf Verlangen der Gewerkschaften zunächst in der Montanindustrie, seit 1976 in allen Kapitalgesellschaften mit mehr als 2000 Beschäftigten zu einem festen Bestandteil der Unternehmensführung wurde.

Von Kapitaleignern anfangs mit Misstrauen und Widerwillen beäugt, entpuppte sie sich auf mittlere Sicht als Segen für den Kapitalismus. Der Klassenkampf verschwand weitgehend aus den Werkshallen und machte einem partnerschaftlichen Beziehungsmodell Platz. Anders als in Italien oder Großbritannien ging die Streikhäufigkeit in Deutschland prägnant zurück. Selbst in wirtschaftlichen Krisenjahren gab es kaum Arbeitsniederlegungen. Betriebsbedingte Entlassungen werden in der Regel sozialverträglich ausgestaltet. In Moralkonflikten, wie sie sich seit den 1970er Jahren häufen, stehen Gewerkschaften und Betriebsräte fest zu den Unternehmenszielen. Umwelt- und Klimaschutz rangieren unter ferner liefen, absolute Priorität hat stets die Sicherung der Arbeitsplätze, egal wo und was produziert wird.

Auch die Genossenschaften gerieten zunehmend ins Fahrwasser der kapitalistischen Entwicklung. Statt neuen Formen des Wirtschaftens den Weg zu bahnen, verwandelten sie sich je länger, desto mehr in versachlichte Interessen-

LIP, Besançon,
Juli 1974

verbände. Aus dem sozialmoralisch definierten Genossen wurde ein Vereinsmitglied, das Leistung und Gegenleistung kühl verrechnete. Als der gewerkschaftseigene Wohnungsbaukonzern »Neue Heimat« in den 1980er Jahren an Korruption und Misswirtschaft zerbrach, schien das Ende der auf gemeinsamen Erfahrungen, Zielen und Verlässlichkeiten gründenden Gemeinwirtschaft gekommen.

Dennoch blieb die Idee lebendig. Seit den 1960er Jahren wurde sie wieder breit diskutiert, vor allem im reformsozialistischen Umfeld. Unter dem Schlagwort des »Dritten Weges« jenseits von Staatssozialismus und Kapitalismus gewann sie nicht nur im Prager Frühling und in Jugoslawien viele Anhänger. Auch große Teile der Neuen Linken in Westeuropa nahmen sie in ihren Theoriebestand auf.[4]

Weite Beachtung fand ihre praktische Umsetzung in der französischen Uhrenfabrik LIP. Arbeiter hatten den maroden Betrieb 1973 übernommen, um ihn in kollektiver Selbstverwaltung (*autogestion*) fortzuführen. Ihre Botschaft lautete: »C'est possible, on fabrique, on vend, on se paie« (es ist möglich: wir produzieren, wir verkaufen, wir bezahlen uns). 1977 schien diese Möglichkeit vorerst am Ende, die Firma wurde liquidiert. Aber die Beschäftigten machten weiter und schlossen sich zu Produktivgenossenschaften zusammen, die allerdings nicht lange überlebten.[5]

Neuen Auftrieb erhielten genossenschaftliche Experimente und gemeinwirtschaftliche Projekte, selbst wenn sie oft scheiterten, durch die einflussreichen Arbeiten der Umweltökonomin Elinor Ostrom. Ihr wurde 2009 als erster Frau der Wirtschaftsnobelpreis verliehen, neunzehn Jahre nach ihrem bahnbrechenden Buch *Governing the Commons*. Darin hatte sie nachgewiesen, dass unter bestimmten Umständen die gemeinschaftliche Nutzung begrenzter natürlicher Ressourcen im Stil der alten Allmende-Wirtschaft privater oder staatlicher Kontrolle überlegen sei. Seitdem finden sogenannte Commons-Projekte rege Fürsprache. Sie entwerfen die Koordinaten einer »konvivialen«, fairen und gerechten Gesellschaft, die gegen Marktkräfte mobil macht und sich um die nachhaltige Produktion und Nutzung von Ressourcen wie Wasser, Boden, Wissen, Energie kümmert. Ob diese Gesellschaft den Kapitalismus aushebeln oder in seinem Rahmen nur eine andere Art gemeinsamen Lebens und Handelns auf den Weg bringen will, ist von sekundärer Bedeutung.[6]

Die Macht der Konsumenten

Hier tut sich eine Konfliktlinie auf, die derzeit mehr Zündstoff birgt als die Beziehungen zwischen Arbeitgebern und Arbeitnehmern. Das Konzept der Commons oder Gemeingüter hebt nicht nur die kategoriale Trennung von Produzenten und Verbrauchern auf, sondern weist Letzteren auch eine zentrale Rolle im Prozess gerechten und nachhaltigen Wirtschaftens zu.

Dass Konsumenten und Konsumentinnen großen Einfluss auf das ausüben können, was produziert wird und wie es produziert wird, zeichnete sich bereits zu Beginn des 20. Jahrhunderts ab. In den USA entstand damals das, was man als moderne Konsumgesellschaft bezeichnet hat. Sie beruhte zum einen darauf, dass sich dank steigender Arbeitsproduktivität die Reallöhne und damit zugleich die Nachfrage nach preiswerten Gütern des täglichen Bedarfs erhöhten. Zum anderen erlaubte es der Einsatz neuer Technologien, solche Güter in großem Stil kostengünstig herzustellen. Massenproduktion, Massenkaufkraft und Massennachfrage gingen Hand in Hand und schufen einen Massenmarkt, auf dem sich auch Verbraucher mit kleineren Budgets versorgen konnten.

Die Entwicklung dieses Massenkonsummarktes gehört zu den prägenden Signaturen des vergangenen Jahrhunderts, nicht nur in Nordamerika, sondern nach und nach auch in anderen kapitalistischen Gesellschaften. Konsumentinnen und Konsumenten stiegen damit zu ebenso umworbenen wie eigensinnigen Wirtschaftsakteuren auf. Um sie für Produkte zu erwärmen und an Marken zu binden, reichen traditionelle Marketing- und Werbungsmethoden längst nicht mehr aus. Es braucht einen neuen »Dialog«, wie Howard Schultz und andere es nennen. Über die sozialen Medien und die Figur der *Influencer* werden potenzielle Kunden direkt angesprochen. Den Kauf bestimmter Waren oder Dienstleistungen legt man ihnen als individuelles Signal und identitätsstiftenden Akt nahe.

Aber Konsumenten wollen nicht immer und nicht nur persönlich adressiert werden und sich glücklich shoppen. Was ihnen zum Erwerb angeboten wird, betrachten sie kritisch. Die Umstände, unter denen das Erworbene hergestellt und transportiert wurde, kommen mehr und mehr in den Blick und bestimmen Kaufentscheidungen. Verbraucher empfinden sich zunehmend auch als verantwortungsvolle Bürger und nutzen ihre Marktmacht, um moralische Wertorientierungen auszudrücken und politische Ziele durchzusetzen. Sie weigern sich, manche Waren zu kaufen, und rufen unter Umständen sogar zum kollektiven Boykott auf.

Konsumentenboykotte sind bereits aus dem 18. Jahrhundert bekannt; damals richteten sie sich gegen Waren, die von Sklaven hergestellt wurden. 1773 läutete die Weigerung Bostoner Bürger, englischen Tee ins Land zu lassen, die Revolution und Unabhängigkeit der USA ein. 1927 rief die amerikanische Anti Defamation League zum Boykott der Ford Motor Company auf, weil deren Besitzer Henry Ford antisemitische Propaganda verbreiten ließ. Im gleichen Jahr boykottierten Detroiter Einzelhändler die Produkte der Firma, weil Ford Lebensmittel und Kleidung weit unter dem Großhandelspreis an seine Arbeiter und andere Kunden verkaufte. 1933 organisierten die Nazis den Boykott jüdischer Geschäfte; amerikanische Juden antworteten mit dem Boykott deutscher Waren als »moralischer Waffe«. Weitere Beispiele sind der Früchte-Boykott gegen Chile nach dem Pinochet-Coup 1973 und gegen Südafrika während der Apartheid. Heute boykottieren sogenannte Anti-Zionisten Waren aus Israel.[7]

Boykottkampagnen der Anti-Apartheid-Bewegung gegen Waren aus Südafrika, 1970er und 1980er Jahre

Werden solche Boykott-Aktionen gut organisiert und von wichtigen Gruppen der Zivilgesellschaft unterstützt, können sie durchaus erfolgreich sein. Zumindest Henry Ford lenkte ein und entschuldigte sich für die antisemitische Hasspropaganda seiner Zeitung. Auch die medial gestützte Empörung über den Einsturz des Rana Plaza in Bangladesch 2013, bei dem über 3000 Menschen, meist Textilarbeiterinnen, getötet oder verletzt wurden, hatte Folgen: Westliche Abnehmerfirmen unterzeichneten ein Abkommen über besseren Arbeiterschutz und schlossen ein »Bündnis für nachhaltige Textilien«. Konsumenten sind also keineswegs ohnmächtige oder willenlose Opfer einer mit psychologischen Waffen bestens gerüsteten Marketingindustrie. Im Gegenteil können sie Druck auf Produzenten und Verkäufer ausüben, sei es durch eine Abstimmung mit den Füßen, indem sie für schädlich oder problematisch erachtete Waren und Leistungen verschmähen, sei es durch öffentliche Proteste und kritische Informationskampagnen.

Dass sie Unternehmen damit zu Kurskorrekturen zwingen können, zeigen Lebensmittel- und Textilindustrie. Sie reagieren ausgesprochen schnell auf neue Verbraucherinteressen, nehmen missliebige Produkte vom Markt und entwickeln neue. Bioläden, anfangs belächelt, sind inzwischen fest im Stadtbild verankert und haben die älteren Reformhäuser umsatzmäßig weit überflügelt. Teure Fair-Trade-Produkte werden längst nicht nur von denen gekauft, die genug Geld dafür haben. Auch Studierende mit knappem Budget lassen sich ihre moralischen Überzeugungen etwas kosten. Umgekehrt merken Unternehmen, die solche Produkte anbieten und ihre »soziale Verantwortung« dokumentieren, dass sich das für sie in Heller und Pfennig auszahlt. Zum einen steigt die Reputation und bildet sich positiv in den Bilanzen ab, zum anderen ist der Gewinn bei den teureren, sozial und ökologisch zertifizierten Erzeugnissen meist höher.

Arrangiert hat sich der Kapitalismus darüber hinaus mit den staatlichen Interventionen und gesetzlichen Vorgaben, die ihm Grenzen setzen, ihn aber auch ermöglichen und unterstützen. Dazu gehören Recht und Rechtssicherheit als wesentliche Voraussetzungen wirtschaftlicher Transaktionen. Das Recht ist dabei nicht nur formaler Natur. Viele Rechtssätze sind moralisch eingefärbt, beruhen auf moralischen Konventionen (»gute Sitten«) und stabilisieren moralische Erwartungen (»auf Treu und Glauben«). Auch die Steuergesetzgebung mit ihrem Grundsatz progressiver Belastung folgt moralischen Erwägungen. Das gilt ebenso für den gesetzlich gewährten Arbeiterschutz und das Solidarsystem der Kranken- und Rentenversicherung, für das neben den Versicherten auch deren Arbeitgeber finanziell aufkommen müssen.

Der Sozialstaat, wie er heute in vielen Ländern Europas existiert, hat den Kapitalismus sozialmoralisch gerahmt und zukunftsfähig gemacht. Ohne ihn hätten soziale Konflikte und Verwerfungen das Wirtschaftssystem auf längere Sicht massiv gefährdet, wenn nicht gar zerstört. Ohne Rücksicht auf seine gesellschaftlichen Voraussetzungen und Folgen wäre es an sich selber zugrunde gegangen. Darüber hinaus hat die staatlich gewährleistete Infrastruktur, im Bildungs- und Gesundheitsbereich wie beim Straßenbau und im Verkehrswesen, dem System die notwendigen materiellen und personellen Ressourcen für seine Entfaltung geliefert.

Damit hat der Staat zugleich die Bedingungen für produktive Unruhe geschaffen und seine Bürgerinnen und Bürger in die Lage versetzt, den Kapitalismus immer wieder von Neuem herauszufordern. Daraus zu folgern, wie es der Harvard-Ökonom Benjamin Friedman tut, dass der Kapitalismus als Wachstumsmaschine moralische Fortschritte in Form bürgerlicher Freiheiten, zivilerer Umgangsformen und sozialer Gerechtigkeit nach sich ziehe, verwechselt Ursache und Wirkung.[8] Nicht das kapitalistische Wirtschaftssystem, sondern dessen gesellschaftliche Kritik und politische Rahmung generieren eine moralische Kommunikation, deren Teilnehmer im Lauf der Zeit ebenso wechseln wie die Themen, auf die sie sich konzentriert.

Der Einfluss transnationaler Akteure

Nachdem zunächst die Arbeits- und Lebensverhältnisse der in Fabriken beschäftigten Männer und Frauen Anstoß erregten, kam schon bald die ungleiche und immer ungleicher werdende Verteilung von Armut und Reichtum hinzu. Auch politische Wertorientierungen und Menschenrechte spielten eine Rolle, wie Aktionärsschelte und Konsumentenboykotte bezeugten. Seit dem späten 20. Jahrhundert geht es darüber hinaus und immer vernehmlicher um das, was unter den Stichworten Nachhaltigkeit und Klimawandel diskutiert wird. Wer heute noch, wie viele Ökonomen und Wirtschaftshistoriker, Wachstum als zivilisatorisches Allheilmittel propagiert, sieht sich einer wachsenden Schar von Skeptikern gegenüber. Dazu gehören vor allem transnationale Akteure, NGOs wie Greenpeace und Attac, Netzwerke wie die *Global Commons*-Welt oder Greta Thunbergs *Fridays for Future*.

Den Anfang machte der Club of Rome, als er 1972 auf die »Grenzen des Wachstums« hinwies. Ohne gravierende Richtungsveränderungen, für die es »politischen und moralischen Mut« brauche, drohe der Erde binnen hundert Jahren der Kollaps. Ein Update drei Dekaden später gab nicht etwa Entwarnung, sondern konstatierte eine erhebliche Zunahme

Schulstreik für das Klima (FridaysForFuture), Wiener Heldenplatz, 15. März 2019

des globalen sozialen Gefälles, Übernutzung der Acker-flächen, Überfischung der Meere und Erschöpfung fossiler Rohstoffe.[9]

Am Mut, diese Entwicklungen zu stoppen oder gar umzu-kehren, fehlt es Politik und Wirtschaft bis heute. Sie scheuen die damit verbundenen Konflikte und erwartbaren Kosten, trotz ernster Warnungen wissenschaftlicher Experten und lei-denschaftlicher Appelle von Umweltaktivistinnen. Auch brei-teren Schichten der Bevölkerung scheint die Dringlichkeit nachhaltigen, ressourcenschonenden Wirtschaftens mehr und mehr einzuleuchten. Als die Grünen 2011 beschlossen, Veggie-Day-Initiativen zu unterstützen, um »für mehr Kli-maschutz und Ernährungssicherheit« einzutreten, fiel es den Massenmedien noch leicht, den Vorschlag als Eingriff in die persönliche Freiheit zu skandalisieren. Doch in Umfragen zeigte sich eine Mehrheit der Befragten, vor allem Frauen und jüngere Menschen, mit dieser »kleinen Veränderung unseres Lebensstils« einverstanden.[10] Dabei müsste sich, darin sind sich Wissenschaftler mit wenigen Ausnahmen einig, dieser Lebensstil im Großen ändern, um den menschengemachten Klimawandel zu verlangsamen.

Das geht nicht ohne den Staat, der solche Veränderun-gen, wie etwa in der Energieversorgung oder im Verkehr, mit »politischem Mut« auf den Weg bringen und deren Verlie-rer dafür entschädigen muss. Mindestens ebenso wichtig ist der »moralische Mut« der Bürgerinnen und Bürger, die die Wirtschaft an ihre Verantwortung für das Gemeinwohl erinnern, aber auch bereit sind, die eigenen Gewohnheiten und Bequemlichkeiten auf den ökologischen Prüfstand zu stellen. Wenn eine breite Öffentlichkeit Nachhaltigkeit, soziale Verantwortung, Fairness, Solidarität und Schadensabwehr wichtig findet und erwartet, dann kann sie einiges bewirken.

Die Verwandlung der Werte:
Geiz und Gier versus *sharing* und *caring*

Solche Werte und Wertgefühle stehen nicht im luftleeren Raum. Sie sind weder dem Zufall geschuldet, noch folgen sie rein subjektiven Präferenzen. Vielmehr werden moralische Werte in sozialen Beziehungen entwickelt und in Institutionen erlebt, bekräftigt und verändert. Familien, Schulen, Kirchen und Sportvereine üben ebenso wie der Arbeitsplatz oder das Versicherungssystem moralisches Verhalten ein, geben Anreize dafür und sanktionieren das, was sie als unmoralisch verurteilten.

Menschen werden weder mit prosozialen noch mit antisozialen Gefühlen geboren. Sie erwerben und erlernen sie im Lauf ihres Lebens, durch Erziehung, Anpassung und Imitation, zuweilen auch durch kritische Reflexion. Dass sie nur auf ihren eigenen Nutzen bedacht seien und diesen Nutzen ausschließlich ökonomisch und materiell definieren, haben mehrere Jahrzehnte verhaltensökonomischer Forschung empirisch widerlegt.

Vor allem nach der Finanzkrise 2007/08 sind ungezügelter Besitzdrang und Marktpopulismus erneut in Verruf gekommen, und mit ihnen das Denkgebäude des sogenannten Neoliberalismus, wie er von Ökonomen wie Hayek oder der amerikanischen Bestseller-Autorin Ayn Rand ausgesprochen wirkungsvoll propagiert wurde. 1987 hatte die konservative britische Premierministerin Margaret Thatcher jenes Denkgebäude zur Staatsdoktrin erhoben: »There is no such thing as society«, es gebe keine Gesellschaft, nur einzelne Männer und Frauen, die zunächst einmal für sich selber sorgen müssten und das am besten dadurch täten, dass sie sich auf den Markt anstelle des Staates verließen. Begleitet von einer breiten Medienoffensive und hochgejubelt von einer Netzökonomie, die in den 1990er Jahren eine glänzende Zukunft versprach, galt der Markt als Freiheitsgarant und Problemlösungsinstrument Nummer Eins. Manche schrieben ihm geradezu basisdemokratische Qualitäten zu.

Doch als die Dotcom-Blase 2000 platzte, zogen sich viele Kleinanleger enttäuscht und mit hohen Verlusten vom Aktienmarkt zurück. Und acht Jahre später, als die amerikanische Lehman-Bank nach hochriskanten spekulativen Kreditgeschäften pleiteging und weltweit viele andere Kreditinstitute mitzuziehen drohte, war es dann doch wieder der Staat, der mit Steuergeld das Finanzsystem rettete und konsolidierte.

Im Gefolge dieser dramatischen Krise, die viele als moralisches Versagen deuteten, wurde der Ruf immer lauter, die Einstellungen und Handlungspräferenzen, die die kapitalistische Marktwirtschaft erzeugte und die sie am Laufen hielten, gründlich zu revidieren.[11] Zweifellos gibt es auch heute noch zahlreiche Gordon Gekkos mit ihrem Schlachtruf »Gier ist gut. Gier ist richtig. Gier ist gesund«. Oliver Stones Film *Wall Street* lief übrigens 1987 an, zwanzig Jahre vor dem Crash. Seit den 1990er Jahren nennt sich zudem eine Geschäftskette mit Billigprodukten stolz »Mäc-Geiz« und verspricht auf ihrer Website, eine Brücke »zwischen der Emotionalität von Kaufhäusern und der Preisrationalität von Discountmärkten« zu schlagen.

Dennoch ist die Prämierung von Gier und Geiz kein Selbstläufer. Fast alle Kulturen haben solche Einstellungen moralisch geächtet; viel Tinte ist im 18. und 19. Jahrhundert vergossen und verschrieben worden, um den Unterschied zwischen negativ konnotiertem Geiz und Sparsamkeit als positivem Wert herauszuarbeiten. Als eine Elektronikhandelskette 2002 in Deutschland, Österreich und der Schweiz eine Werbekampagne unter dem Slogan »Geiz ist geil« startete, rief das besonders in katholischen Kreisen scharfe Kritik hervor. Geiz gilt hier traditionell als eines der sieben Hauptlaster.

Dass Menschen sich nicht lasterhaft, sondern tugendhaft, also altruistisch, rücksichtsvoll und prosozial verhalten können und dass die gesellschaftlichen Rahmenbedingungen darauf einen bedeutenden Einfluss ausüben, ist für Verhaltensökonomen eine Binsenweisheit. Ihre Experimente haben große mediale Aufmerksamkeit erfahren. Selbst in Wirtschaftskreisen hört man inzwischen genauer hin, wenn von *sharing* und *caring* gesprochen wird.

Für das alternative Wirtschaftsmodell des Teilens und Tauschens stehen historisch an erster Stelle genossenschaftliche Initiativen. Aber auch Fahrgemeinschaften und Mitfahrzentralen machten es sich früh zu eigen, bevor es dann seit den 1990er Jahren, dank internetbasierter Plattformen, immer inklusiver, professioneller und kommerzieller gestaltet wurde. Projekte wie CouchSurfing oder Carsharing ermöglichen die geteilte Nutzung von Ressourcen; wer diese besitzt, spielt eine nachgeordnete Rolle. Wichtig für die *sharing economy* ist vielmehr, wie die Netzwerke miteinander verbundener Einzelpersonen das verändern, was produziert, konsumiert, finanziert und gelernt wird.[12]

Sind Teilen und Tauschen bereits in aller Munde, befinden sich die *caring economics* noch im Zustand der Inkubation. An ihnen arbeitet im Kieler Institut für Weltwirtschaft dessen

Direktor emeritus Dennis Snower. Er entwirft eine Ökonomie des Kümmerns und der Fürsorge, die selbstbezügliches, am Eigennutz orientiertes Wirtschaftshandeln ergänzt und vielleicht irgendwann auch ersetzt. Snowers Bonner Kollege Armin Falk untersucht, wie Mentoren das prosoziale Verhalten von Grundschülern verbessern können. Falks Zürcher Doktorvater Ernst Fehr plädiert dafür, prosoziales Verhalten durch staatliche »Stupser« oder *nudging* zu fördern. Gerade weil Menschen bei der Herausbildung ihrer Vorlieben und Wünsche von ihrer Umwelt abhängig seien, sollten Staat und Gesellschaft in den Lernprozess eingreifen und ihn in Richtung Ehrlichkeit, Vertrauenswürdigkeit, Geduld, Mitgefühl lenken.

Über den möglichen oder wahrscheinlichen Erfolg solcher Eingriffe ist noch nicht empirisch entschieden. Philosophen und Psychologen streiten derweil darüber, ob sie das Individuum nicht auf unzulässige Weise bevormunden und ihm seine Autonomie rauben. Historikerinnen hingegen können Rückschau halten und an frühere Prozesse des Stupsens und Lernens, aber auch des Blockierens und Verhinderns erinnern. In Schulcurricula und Lehrbüchern lässt sich nachlesen, welchen Stellenwert die Vermittlung moralischer Gefühle und prosozialen Verhaltens einnahm und welche Grenzen dabei gezogen oder überschritten wurden. Abstoßendes Material liefert die Zeit des Nationalsozialismus, als Schüler Rechenaufgaben über die volkswirtschaftlichen Belastungen durch sogenanntes unwertes Leben zu lösen hatten. Von solchen Grenzüberschreitungen ist man heute weit entfernt. Aber sie schleichen sich auf leisen Sohlen in aktuelle gesundheitsökonomische Debatten ein, wenn Krankenkassen und Lebensversicherungen eine gesundheitsbewusste Lebensführung samt *wearables* und *fitness apps* mit Boni belohnen.

hier trägst Du mit
Ein Erbkranker kostet bis zur Erreichung des
60. Lebensjahres im
Durchschnitt 50.000 RM.

Rassen- und Gesundheitslehre im Nationalsozialismus, 1940

Damit verbunden ist ein starker Trend zur Ökonomisierung sozialen Verhaltens: Man treibt Sport, nicht weil es Freude bereitet, sondern um die Leistungskraft zu erhöhen und Versicherungsbeiträge zu sparen. Parallel dazu werden immer mehr Güter auf dem Markt gehandelt, die bislang nicht zum Kauf standen und keinen Preis hatten. Das befördert soziale Ungleichheit und zerstört und verformt moralische Werte. Wenn man sich vom Schutz der Umwelt oder der Hilfe für Flüchtlinge freikaufen kann, löst sich die moralische Substanz eines Gemeinwesens Stück für Stück auf. Am Ende könnte dann in der Tat eine Ökonomie stehen, die die moralischen Empfindungen bis zur Unkenntlichkeit korrumpiert und unterminiert. Damit wären auch alle Versuche beendet, den Kapitalismus moralisch zu binden und zu zähmen. Das komplizierte Verhältnis von Märkten und Moral hätte sich zugunsten der Märkte vereinfacht.

Angesichts dieser Aussichten überrascht es nicht, wenn der Ruf nach einer moralischen Ökonomie wieder lauter wird. Er kommt nicht nur von Bernie Sanders oder Kardinal Marx. Er kommt auch von sozialen Protestbewegungen wie Attac oder Occupy und von Konsumentenprojekten wie *Buy moral*, die im Internet nach »moralischen Anbietern« suchen und ihre Konsumausgaben entsprechend umorganisieren. Spätere Historiker werden mehr darüber wissen, wie erfolgreich diese Gegenbewegungen waren und wie sie den Kapitalismus verändert haben.

Postkarte »Ökologischer Fußabdruck« von *Brot für die Welt* im Jahr 2019

Dass sie ihn verändern werden, indem sie Unruhe stiften und Transformationen erzwingen, ist jedoch ausgemacht. Damit stehen sie in einer langen Tradition, die bis in die Frühzeiten der damals revolutionären Wirtschaftsform zurückreicht. Die moralische Kommunikation über den Kapitalismus speiste und speist sich aus mehreren Quellen, dazu zählen religiöse Glaubensbestände ebenso wie säkulare, auf Aufklärung und Menschenrechte rekurrierende Vorstellungen. Sie hat sich in machtvollen Bewegungen und Organisationen verdichtet, von kirchlichen Initiativen über sozialreformerische und Frauen- wohltätigkeitsvereine bis zu Gewerkschaften und Arbeiter- parteien; seit den 1980er Jahren ist die ökologische Bewegung hinzugekommen. Ohne deren Kritik gäbe es keinen Sozialstaat und keine Praxis solidarischer Gemeinwirtschaft und nach- haltiger Ressourcennutzung, keine Commons-Bewegung, keine Ethik-Banken und keine Gemeinwohl-Ökonomie.[13]

Diese Gruppen und Bewegungen haben wie eine Art Dau- erbrenner moralischer Empfindungen gewirkt. Sie haben die moralische Kommunikation über den Kapitalismus wachge- halten und einen gesellschaftlichen und politischen Druck erzeugt, unter dem er sich verändern musste. Das hat den Kapitalismus selber keineswegs moralischer gemacht; der Markt an sich ist alles andere als eine moralische Institu- tion. Aber er existiert und operiert nicht in einem Vakuum, sondern ist moralisch eingebettet. Produzenten und Konsu- menten treffen moralische Entscheidungen. Wer Waren und Dienstleistungen herstellt und feilbietet, denkt zumindest dann und wann darüber nach, ob das mit seiner Moral ver- einbar ist. Wer als Kundin manche Angebote schätzt und an anderen kopfschüttelnd vorübergeht, lässt sich ebenfalls von Wertüberzeugungen leiten.

Doch wäre es kurzschlüssig, solche Entscheidungen zugunsten oder zuungunsten einer moralischen Ökonomie ausschließlich den Marktteilnehmern zu überlassen. Die Freiheit des Einzelnen findet dort ihre Grenze, wo sie andere schädigt. Wie man beim Umweltschutz sieht, lässt sich ein solcher Schaden nicht individuell beheben. So löblich Initiativen sind, die den eigenen ökologischen Fußabdruck verringern wollen, so wenig werden sie gegen die Interessen derer ausrichten, die mit dem Hinweis auf steigende Nachfrage neue Riesenflughäfen bauen und Billigflieger in alle Welt starten lassen oder die einen Kurzurlaub auf Mallorca oder den Malediven als ihr gutes Recht betrachten.

Hier ist der Staat gefordert. Seine Aufgabe ist es, regulativ in Wirtschaftsprozesse einzugreifen und Märkten dort Grenzen zu setzen, wo sie das Gemeinwohl gefährden. Das heißt nicht, sich in sozialistische Planwirtschaften zurückzusehnen (die im Übrigen nicht weniger umweltschädlich waren als kapitalistische Marktwirtschaften). Dass umgekehrt der Rückzug des Staates und sein Verzicht auf Regulierung ausgesprochen negative Folgen haben, für die Wirtschaft ebenso wie für die Gesellschaft, zeigten die vergangenen Jahrzehnte.

Selbst in den USA rufen Fürsprecher und Profiteure des Kapitalismus mittlerweile nach einem Staat, der Steuerschlupflöcher schließt, Reiche höher besteuert und in Bildung, Umweltschutz und Infrastruktur investiert. Jamie Dimon, Chef der Großbank JPMorgan Chase, schrieb Anfang 2019 an seine Aktionäre, so wie bisher könne es nicht weitergehen, man brauche »Sozialdemokratien mit starken Sicherheitsnetzen«. Ray Dalio, der mit seiner Hedgefonds-Firma Milliarden verdiente, erwartet für die kommenden Jahre gar »irgend eine Art von Revolution«, falls es nicht gelinge, die wachsende soziale Ungleichheit – die er mit sei-

nen Unternehmungen kräftig gefördert hat – wirksam abzu-
bremsen.[14] Nicht viel anders argumentieren die linken oder
linksliberalen Aktivistinnen und Aktivisten, die für einen
Grünen Deal, höhere Einkommens- und Vermögenssteuern
und die Sozialisierung von Wohnungsunternehmen werben.

Und Ähnliches hört man auch von Wissenschaftlern.
Joseph Stiglitz, ehemals Chefökonom der Weltbank und
2001 mit dem Wirtschaftsnobelpreis ausgezeichnet, wirbt
in der *New York Times* für einen neuen Gesellschaftsver-
trag mit einem »progressiven Kapitalismus«. Eingehegt von
staatlich kontrollierten Regeln und Regulativen, diene hier
der Markt der Gesellschaft und nicht umgekehrt. Weniger
Optimismus verbreitet der Soziologe Wolfgang Streeck,
Direktor emeritus des Kölner Max-Planck-Instituts für Ge-
sellschaftsforschung. Den sozialverträglichen, eingebetteten
und »demokratischen« Kapitalismus, wie er die ersten Jahre
der Bundesrepublik geprägt habe, sieht er am Ende, abge-
wickelt von einer »neoliberalen Konterrevolution« seit den
späten 1970ern. Die kollektiven Akteure und Institutionen
hätten dieser Attacke damals nichts entgegengesetzt.[15]

Damit hat er nicht unrecht. Aber das muss und wird nicht
so bleiben. Die Zukunft ist Geschichte, und die Geschichte
hat schon manches Überraschende hervorgebracht. Solange
die moralische Kommunikation über den Kapitalismus nicht
abebbt und von immer neuen Akteuren weitergetragen wird,
ist Pessimismus nicht die einzige Option.

Endnoten

1 Wolfgang Spohn, Betriebsgemeinschaft und innerbetriebliche Herrschaft, in: Carola Sachse u. a., Angst, Belohnung, Zucht und Ordnung, Opladen 1982, S. 140–208.

2 Walther Müller-Jentsch, Gewerkschaften und Soziale Marktwirtschaft seit 1945, Stuttgart 2011, Zitate S. 53 f.; Fritz Naphtali (Hg.), Wirtschaftsdemokratie [1928], Köln 1984.

3 Günter Brakelmann u. Traugott Jähnichen (Hg.), Die protestantischen Wurzeln der Sozialen Marktwirtschaft, Gütersloh 1994, S. 341–362, hier 345.

4 Ota Šik, Humane Wirtschaftsdemokratie. Ein dritter Weg, Hamburg 1979.

5 Jens Beckmann, Selbstverwaltung zwischen Management und »Communauté«. Arbeitskampf und Unternehmensentwicklung bei LIP in Besançon 1973–1987, Bielefeld 2019.

6 Elinor Ostrom, Die Verfassung der Allmende. Jenseits von Staat und Markt, Tübingen 1999; Silke Helfrich u. David Bollier, Frei, fair und lebendig – Die Macht der Commons, Bielefeld 2019.

7 Lawrence B. Glickman, Buying Power. A History of Consumer Activism in America, Chicago 2009; Yfaat Weiss, Projektionen vom »Weltjudentum« – Die Boykottbewegung der 1930er Jahre, in: Tel Aviver Jahrbuch für deutsche Geschichte 26 (1997), S. 151–179, Zitat 170.

8 Benjamin M. Friedman, The Moral Consequences of Economic Growth, New York 2005.

9 Dennis Meadows u. a., Die Grenzen des Wachstums. Bericht des Club of Rome zur Lage der Menschheit, Stuttgart 1972; Donella Meadows u. a., Grenzen des Wachstums, das 30-Jahre-Update, Stuttgart 2006.

10 https://www.gruene-bundestag.de/files/beschluesse/veggieday.pdf; https://www.focus.de/politik/deutschland/haelfte-der-deutschen-will-veggie-day-maenner-legen-wert-auf-ihre-taegliche-dosis-fleisch_aid_1068426.html

11 Nazlm Diehl, Banken-Image unter Beschuss. Die Moralisierung der Finanzkrisen-Debatte 2008, Baden-Baden 2017, S. 45 ff.

12 Klaus-Dieter Lehmann u. a. (Hg.), Teilen und Tauschen, Frankfurt 2017.

13 Christian Felber, Gemeinwohl-Ökonomie, München 2018, plädiert für eine Mischung von solidarischer Ökonomie (Genossenschaften), Commons (Gemeinschaftsgüter ohne Marktlogik), Postwachstumsökonomie (Schrumpfungsziele) und Wirtschaftsdemokratie (Mitbestimmung).

14 https://www.manager-magazin.de/politik/artikel/ray-dalio-und-jamie-dimon-warnen-vor-sozialismus-a-1261877.html

15 https://www.nytimes.com/2019/04/19/opinion/sunday/progressive-capitalism.html; Wolfgang Streeck, Gekaufte Zeit. Die vertagte Krise des demokratischen Kapitalismus. Erw. Ausg., Berlin 2015; ders., Die Wiederkehr des Verdrängten als Anfang vom Ende des neoliberalen Kapitalismus, in: Heinrich Geiselberger (Hg.), Die große Regression. Eine internationale Debatte über die geistige Situation der Zeit, Berlin 2017, S. 253–273.

Bibliografie

Althammer, Beate u. Christina Gerstenmayer (Hg.): Bettler und Vaganten in der Neuzeit (1500–1933), Essen 2013.

Bartholomäi, Friedrich: Volkspsychologische Spiegelbilder aus Berliner Annoncen, in: Berliner Städtisches Jahrbuch für Volkswirthschaft und Statistik 1 (1874), S. 37–53.

Beckert, Jens u. Matías Dewey (Hg.): The Architecture of Illegal Markets, Oxford 2017.

Beckmann, Jens: Selbstverwaltung zwischen Management und »Communauté«. Arbeitskampf und Unternehmensentwicklung bei LIP in Besançon 1973–1987, Bielefeld 2019.

Bergmann, Jörg u. Thomas Luckmann (Hg.), Kommunikative Konstruktion von Moral, Bd. 1, Opladen 1999.

Biggeleben, Christof: Das »Bollwerk des Bürgertums«. Die Berliner Kaufmannschaft 1870–1920, München 2006.

Boltanski, Luc u. Ève Chiapello: Der neue Geist des Kapitalismus [1999], Konstanz 2003.

Brakelmann, Günter u. Traugott Jähnichen (Hg.): Die protestantischen Wurzeln der Sozialen Marktwirtschaft, Gütersloh 1994.

Caro, Leopold: Der Wucher, Leipzig 1893.

Collet, Dominik: Mitleid machen. Die Nutzung von Emotionen in der Hungersnot 1770–1772, in: Historische Anthropologie 23 (2015), S. 54–69.

Collier, Paul: Sozialer Kapitalismus, München 2019.

Crew, David: Gewalt »auf dem Amt«. Wohlfahrtsbehörden und ihre Klienten in der Weimarer Republik, in: Thomas Lindenberger u. Alf Lüdtke (Hg.), Physische Gewalt, Frankfurt 1995, S. 213–237.

Danilina, Anna: Die moralische Ökonomie der »inneren Kolonie«. Genossenschaft, Reform und Rasse in der deutschen Siedlungsbewegung (1893–1926), in: Ute Frevert (Hg.), Moral Economies, Göttingen 2019, S. 103–132.

Diehl, Nazim: Banken-Image unter Beschuss. Die Moralisierung der Finanzkrisen-Debatte 2008, Baden-Baden 2017.

Durkheim, Émile: Die Regeln der soziologischen Methode [1895], Neuwied 1961.

Eisenberg, Christiane: Frühe Arbeiterbewegung und Genossenschaften, Bonn 1985.

Engels, Friedrich: Die Lage der arbeitenden Klasse in England II, in: Karl Marx u. ders., Gesamtausgabe (MEGA), 1. Abt., Bd. 4, Glashütten 1970, S. 1–286.

Felber, Christian: Gemeinwohl-Ökonomie, München 2018.

Frevert, Ute: Die kasernierte Nation. Militärdienst und Zivilgesellschaft in Deutschland, München 2001.

Dies.: Die Politik der Demütigung, Frankfurt 2017.

Dies.: Krankheit als politisches Problem 1770–1880, Göttingen 1984.

Dies.: Vertrauensfragen. Eine Obsession der Moderne, München 2013.

Friedman, Benjamin M.: The Moral Consequences of Economic Growth, New York 2005.

Geyer, Michael H.: Die Sprache des Rechts, die Sprache des Antisemitismus: »Wucher« und soziale Ordnungsvorstellungen im Kaiserreich und der Weimarer Republik, in: Christof Dipper u. a. (Hg.), Europäische Sozialgeschichte, Berlin 2000, S. 413–429.

Glickman, Lawrence B.: Buying Power. A History of Consumer Activism in America, Chicago 2009.

Häusler, Michael u. Bettina Hitzer (Hg.): Zwischen Tanzboden und Bordell, Berlin 2010.

Helfrich, Silke u. David Bollier: Frei, fair und lebendig – Die Macht der Commons, Bielefeld 2019.

Herzog, Lisa u. Axel Honneth (Hg.): Der Wert des Marktes, Berlin 2014.

Heuser, Uwe Jean: Kapitalismus inklusive, Hamburg 2017.

Hilpert, Dagmar: Wohlfahrtsstaat der Mittelschichten? Sozialpolitik und gesellschaftlicher Wandel in der Bundesrepublik Deutschland (1949–1975), Göttingen 2012.

Institut für Demoskopie Allensbach, Was ist gerecht? Gerechtigkeitsbegriff und -wahrnehmung der Bürger, Allensbach 2013.

Johannes von Miquels Reden, hg.v. Walther Schultze u. Friedrich Thimme, Bd. 3, Halle 1913.

Kant, Immanuel: Die Metaphysik der Sitten (= Werkausgabe Bd. VIII, hg. v. Wilhelm Weischedel), 5. Aufl., Frankfurt 1982.

Kaplan, Marion: Die jüdische Frauenbewegung in Deutschland, Hamburg 1981.

Dies.: Jüdisches Bürgertum. Frau, Familie und Identität im Kaiserreich, München 1997.

Kleine-Wiskott, Antje (Hg.): Menschen Mut machen – Konzernopfern eine Stimme geben. 25 Jahre Kritische Aktionäre, Köln 2011.

Kocka, Jürgen: Geschichte des Kapitalismus, München 2013.

Krafft, Sybille: Zucht und Unzucht. Prostitution und Sittenpolizei im München der Jahrhundertwende, München 1996.

Lanzinger, Margareth u. a.: Aushandeln von Ehe. Heiratsverträge der Neuzeit im europäischen Vergleich, Köln 2015.

Lehmann, Klaus-Dieter u. a. (Hg.): Teilen und Tauschen, Frankfurt 2017.

Liebig, Stefan u. Steffen Mau: Wann ist ein Steuersystem gerecht? In: Zeitschrift für Soziologie 34 (2005), S. 468–491.

Linse, Ulrich (Hg.): Zurück, o Mensch, zur Mutter Erde. Landkommunen in Deutschland 1890–1933, München 1983.

Lorke, Christoph: Armut im geteilten Deutschland. Die Wahrnehmung sozialer Randlagen in der Bundesrepublik und der DDR, Frankfurt 2015.

Luhmann, Niklas: Die Gesellschaft der Gesellschaft, Frankfurt 1997.

Marx, Karl: Grundrisse der Kritik der politischen Ökonomie II, in: ders. u. Friedrich Engels, Gesamtausgabe (MEGA), 2. Abt., Bd. 1.2, Berlin 1981.

Ders. u. Friedrich Engels: Manifest der Kommunistischen Partei, in: dies., Gesamtausgabe (MEGA), 1. Abt., Bd. 6, Glashütten 1970, S. 523–557.

Marx, Reinhard Kardinal: Ordnungspolitik als Versöhnung von Markt und Moral, in: Lars P. Feld (Hg.), Zur Zukunft der Sozialen Marktwirtschaft, Freiburg 2015, S. 65–79.

Mau, Steffen: The Moral Economy of Welfare States. Britain and Germany compared, London 2003.

Meadows, Dennis u. a.: Die Grenzen des Wachstums. Bericht des Club of Rome zur Lage der Menschheit, Stuttgart 1972.

Meadows, Donella u. a.: Grenzen des Wachstums, das 30-Jahre-Update, Stuttgart 2006.

Mill, John Stewart: On Bentham, in: The London and Westminster Review, August 1838, S. 467–506.

Müller-Jentsch, Walther: Gewerkschaften und Soziale Marktwirtschaft seit 1945, Stuttgart 2011.

Naphtali, Fritz (Hg.): Wirtschaftsdemokratie [1928], Köln 1984.

Nietzsche, Friedrich: Jenseits von Gut und Böse [1885], Stuttgart 1964.

Novy, Klaus u. Michael Prinz: Illustrierte Geschichte der Gemeinwirtschaft, Berlin 1985.

Ostrom, Elinor: Die Verfassung der Allmende. Jenseits von Staat und Markt, Tübingen 1999.

Ostwald, Hans: Soziale Kolonisation, in: Archiv für Innere Kolonisation 3 (1911), S. 161–174.

Owen, Robert: Das Soziale System. Ausgewählte Schriften, Leipzig 1988.

Penny, Laurie: Fleischmarkt. Weibliche Körper im Kapitalismus, Hamburg 2012.

Plumpe, Werner: Das kalte Herz. Kapitalismus: Die Geschichte einer andauernden Revolution, Berlin 2019.

Polanyi, Karl: The Great Transformation. Politische und ökonomische Ursprünge von Gesellschaften und Wirtschaftssystemen [1944], Frankfurt 1978.

Pösche, Helge Jonas: Gesetz und Moral. Konflikte um das Recht auf Sozialhilfe in der Bundesrepublik und West-Berlin, ca. 1945–1965, Masterarbeit Humboldt-Universität zu Berlin 2018.

Priller, Eckhard u. Jürgen Schupp: Soziale und ökonomische Merkmale von Geld- und Blutspendern in Deutschland, in: DIW Wochenbericht 29/2011, S. 3–10.

Pucher, Wolfgang: Rebell der Nächstenliebe. Aufgezeichnet von Cornelia Krebs, Wien 2009.

Raupp, Juliana u. a. (Hg.): Handbuch CSR, Wiesbaden 2011.

Rosenmeyer: Wahlrecht und Armenunterstützung im Reich, in: Archiv für öffentliches Recht 24 (1909), Nr. 2, S. 163–189.

Rudloff, Wilfried: Die Wohlfahrtsstadt. Kommunale Ernährungs-, Fürsorge- und Wohnungspolitik am Beispiel Münchens 1910–1933, Göttingen 1998.

Sachße, Christoph u. Florian Tennstedt: Geschichte der Armenfürsorge in Deutschland, Stuttgart 1980.

Sandel, Michael J.: Was man für Geld nicht kaufen kann. Die moralischen Grenzen des Marktes, Berlin 2012.

Satz, Debra: Von Waren und Werten. Die Macht der Märkte und warum manche Dinge nicht zum Verkauf stehen sollten, Hamburg 2013.

Schmidt, Helmut: Auf der Suche nach einer öffentlichen Moral, Stuttgart 1998.

Schmölders, Günter: Einführung in die Geld- und Finanzpsychologie, Darmstadt 1975.

Shachar, Ayelet: Citizenship for Sale?, in: dies. u. a. (Hg.), The Oxford Handbook of Citizenship, New York 2017, S. 789–816.

Šik, Ota: Humane Wirtschaftsdemokratie. Ein dritter Weg, Hamburg 1979.

Smiles, Samuel: Der Charakter, Leipzig 1874.

Ders.: Die Sparsamkeit, Leipzig 1876.

Ders.: Selbsthilfe, Halle 1890.

Spohn, Wolfgang: Betriebsgemeinschaft und innerbetriebliche Herrschaft, in: Carola Sachse u. a., Angst, Belohnung, Zucht und Ordnung, Opladen 1982, S. 140–208.

Stäheli, Urs: Spektakuläre Spekulation. Das Populäre der Ökonomie, Frankfurt 2007.

Steiner, Philippe u. Marie Trespeuch (Hg.): Marchés contestés. Quand le marché rencontre la morale, Toulouse 2014.

Stratenwerth, Irene u. a.: Der Gelbe Schein. Mädchenhandel 1860 bis 1930, Bremerhaven 2012.

Straubhaar, Thomas: Radikal gerecht. Wie das bedingungslose Grundeinkommen den Sozialstaat revolutioniert, Hamburg 2017.

Streeck, Wolfgang: Die Wiederkehr des Verdrängten als Anfang vom Ende des neoliberalen Kapitalismus, in: Heinrich Geiselberger (Hg.), Die große Regression. Eine internationale Debatte über die geistige Situation der Zeit, Berlin 2017, S. 253–273.

Streeck, Wolfgang: Gekaufte Zeit. Die vertagte Krise des demokratischen Kapitalismus. Erw. Ausg., Berlin 2015.

Suter, Mischa: Rechtstrieb. Schulden und Vollstreckung im liberalen Kapitalismus 1800–1900, Konstanz 2016.

Thompson, Edward P.: Die ›moralische Ökonomie‹ der englischen Unterschichten im 18. Jahrhundert, in: ders., Plebeische Kultur und moralische Ökonomie, Frankfurt 1980, S. 66–129.

Titmuss, Richard M.: The Gift Relationship. From Human Blood to Social Policy [1970], London 1997.

Titzmann, Fritzi-Marie: Der indische Online-Heiratsmarkt, Berlin 2014.

Ulrich, Anita: Bordelle, Straßendirnen und bürgerliche Sittlichkeit in der Belle Epoque, Zürich 1985.

Weber, Max: Wirtschaft und Gesellschaft, 5. Aufl., Tübingen 1985.

Wehler, Hans-Ulrich: Die Deutschen und der Kapitalismus, in: Gunilla Budde (Hg.), Kapitalismus, Göttingen 2011, S. 34–49.

Weiss, Yfaat: Projektionen vom »Weltjudentum« – Die Boykottbewegung der 1930er Jahre, in: Tel Aviver Jahrbuch für deutsche Geschichte 26 (1997), S. 151–179.

Wienfort, Monika: Verliebt, verlobt, verheiratet. Eine Geschichte der Ehe seit der Romantik, München 2014.

Zelizer, Viviana: Morals and Markets. The Development of Life Insurance in the United States, New York 1979.

Die der Originalausgabe zugrunde liegende Herbstvorlesung
zum Thema »Kapitalismus und Moral. Eine schwierige Beziehung«
wurde im November 2018 im Rahmen der Reihe »Unruhe bewahren«
der Akademie Graz in Kooperation mit dem Literaturhaus Graz
und ›DIE PRESSE‹ gehalten.

Redaktion: Harald Klauhs, Astrid Kury, Claudia Romeder
Wissenschaftliche Beratung: Thomas Macho, Peter Strasser

Bildnachweis

S. 9: Anders Hellberg

S. 15, links: Leonhard Lenz

S. 15, rechts: IG BCE – Industriegewerkschaft Bergbau, Chemie, Energie

S. 29: Punch, or London Charivari

S. 32, 65, 89: Sigrid und Wolfgang Jacobeit, Illustrierte Alltagsgeschichte des deutschen Volkes 1810–1900, Leipzig u. a. 1987, S. 93, 29, 144

S. 35: Illustrirte Zeitung, 69. Bd, Nr. 1793, Leipzig, 10. November 1877, S. 372, Berlin, Sammlung Archiv für Kunst und Geschichte

S. 36: Library of Congress Prints and Photographs Division Washington

S. 41: Klaus Tenfelde (Hg.), Bilder von Krupp. Fotografie und Geschichte im Industriezeitalter, München 1994, S. 109

S. 45: Gravierung von F. Bate, 1848, hrsg. von »The Association of all Classes of all Nations«, London, 1848

S. 47: Archiv der sozialen Demokratie der Friedrich-Ebert-Stiftung

S. 51: Bundesarchiv, Berlin

S. 57: Stadtarchiv Stuttgart, Bestand 201/1 Sozialamt Nr. 481

S. 66: Amtsblatt der landesfürstlichen Hauptstadt Graz, 10. 2. 1910

S. 72: François Goglins, 2018

S. 93: Sabine Jenzer, Die »Dirne«, der Bürger und der Staat. Private Erziehungsheime für junge Frauen und die Anfänge des Sozialstaates in der Deutschschweiz, 1870er bis 1930er Jahre, Köln u. a. 2014, S. 153

S. 112: REUTERS/Andrea Comas

S. 114: Salzburger Zeitung vom 11. 4. 1871

S. 127: Klaus Novy u. Michael Prinz, Illustrierte Geschichte der Gemeinwirtschaft, Berlin 1985, S. 77

S. 128: Archiv und theaterhistorische Sammlung des Instituts für Theater-, Film- und Medienwissenschaft der Universität Wien

S. 131: Jean-Paul Margnac, 1974

S. 134: Anti-Apartheid Movement Archives (www.aamarchives.org)

S. 138: Jean-Frédéric, 2019

S. 143: Aus: Jakob Graf, Biologie für Oberschule und Gymnasium. 3. Band für Klasse 5: Der Mensch und die Lebensgesetze. München und Berlin 1940, Tafel 29, © Archiv Gedenkstätte Grafeneck

S. 144: Brot für die Welt, 2019

Alle anderen Abbildungen sind gemeinfreien Quellen entnommen.

Globalisierung und Migration: Die Zukunft ist nicht weiß

MEILENSTEINE
DER GESCHICHTE

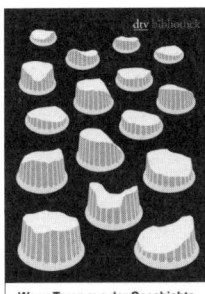

**Wenn Toren aus der Geschichte
falsche Schlüsse ziehen**
Theodor Mommsen

**Es kommt darauf an,
die Welt zu verändern** Karl Marx

**Die Rechte der Frau/Déclaration
des droits de la femme**
Olympe de Gouges